KB046429

두 번 읽는 손자병법

두 번 읽는 손자병법

개정판 1쇄 인쇄 2019년 11월 4일
       5쇄 발행 2023년 4월 5일

지은이 노병천
펴낸이 오세인
펴낸곳 세종서적(주)

주간 정소연
편집 이민애
마케팅 임종호
경영지원 홍성우
인쇄 천광

출판등록 1992년 3월 4일 제4-172호
주소 서울시 광진구 천호대로132길 15, 세종 SMS 빌딩 3층
전화 경영지원 (02)778-4179 마케팅 (02)775-7011 팩스 (02)319-9014
홈페이지 www.sejongbooks.co.kr 네이버 포스트 post.naver.com/sejongbooks
페이스북 www.facebook.com/sejongbooks 원고 모집 sejong.edit@gmail.com

ISBN 978-89-8407-775-1 03320

* 잘못 만들어진 책은 바꾸어드립니다.
* 값은 뒤표지에 있습니다.

두 번 읽는
손자병법

글 · 그림 노병천

두 번 읽고 세상 이치를 꿰뚫는다

한 번 읽고 뜻을 알거든

구변 · 판에 박히지 않는다

군쟁 · 돌아가도 편하다

허실 · 주도권을 잡는다

병세 · 기세로 밀어붙여라

군형 · 이겨놓고 싸운다

모공 · 온전한 상태로 이겨라

작전 · 재빨리 승부를 본다

시계 · 조직의 척도다

세종

孫子千讀達通神 손자천독달통신

『손자병법』을 천 번 읽으면 신의 경지와 통한다.

왜 두 번은 읽어야 하는가

내가 많은 곳에서 『손자병법』을 강의할 때마다 질문하는 것이 있다. "『손자병법』을 단 한 번이라도 처음부터 끝까지 읽어본 분이 계시나요?" 이 질문에 '자신 있게' 손을 드는 사람을 보지 못했다. 어쩌다 가끔 손을 드는 사람이 있었으나 옆 사람 눈치를 보면서 슬그머니 손을 들었다. 그러면 한걸음 더 나아가 질문한다. "원문을 중심으로 끝까지 한 번 본 사람이 있습니까?" 그러면 어렵게 들었던 손도 내려간다. 왜냐하면 원문 중심이 아니라 그냥 해설 부분만 대충 넘기며 읽었던 사람들이기 때문이다.

이것이 우리나라에만 있는 현상일까? 내가 미국지휘참모대학(CGSC)에서 세계 90개 나라의 고급장교들에게 『손자병법』을 가르칠 때도 첫 시간에 똑같은 질문을 했었다. 놀랍게도 아무도 손을 들

지 않았었다. 전쟁과 전략을 공부하러 온 고급장교들조차 『손자병
법』을 단 한 번이라도 끝까지 본 적이 없다는 것이 충격이었다. 미
국, 영국, 프랑스, 일본, 독일, 호주 등 90개 나라의 엘리트 고급장교
들이었다.

　이미 150여개 나라에 번역되어 읽히고 있는 최고의 고전인 『손자
병법』을 단 한 번이라도 제대로 끝까지 읽는 경우가 흔하지 않고, 더
구나 원문을 중심으로 읽는 경우는 거의 없다. 왜 그럴까? 다른 이
유보다도 '손자병법'이라고 하면 우선 어렵다고 하는 선입관 때문
이다. '손자병법' 하면 '어렵다!'가 자연스런 등식이 되어버렸다. 그
래서 어쩌다 한 번을 읽는다고 해도 자기가 보고 싶은 부분만 보고
지나가는 경우가 많다. 조금만 어렵게 느껴지면 그냥 훌쩍 넘겨버
린다. 하지만 『손자병법』은 적어도 한 번이 아니라 반드시 두 번을
읽어야 한다.

　가볍게 지나갈 책은 몰라도 조금이라도 신경을 써야 할 책이라
면 적어도 두 번은 읽어야 한다. 한 번 읽는 것하고 두 번 읽는 것하
고는 여러 차이가 있다. 일단, 읽는 당시의 처해진 환경이나 독자의
상태에 따라서 책에서 받아들이는 것이 다르다. 개인적으로 어려운
일이 생겨서 뭔가 잡으려는 마음으로 어떤 책을 읽었다고 하자. 그
런데 일이 잘 풀려서 기분이 아주 좋을 때 같은 책을 읽었을 때 책의
느낌과 거기서 받아들이는 교훈이 같을까? 똑같은 책인데도 그 받
아들이는 느낌이 확연히 다르지 않겠는가. 나이에 따라서도 느끼는

바가 달라진다. 이십대 때 읽은『손자병법』과 서른에 읽은『손자병법』은 다를 수밖에 없다. 인생의 경륜에 따라 같은 어구라도 그 해석과 느낌이 달라지는 것이다.

한 번 읽고 일정한 시간이 지난 뒤에 다시 읽어보라. 한 번 읽었을 때와 확실히 또 다른 느낌이 올 것이다. 아하, 이런 것이 여기에 있었구나! 한 번 읽었을 때는 그저 스쳐 지나간 것이다. 다시 읽으니 다시 보이는 것이다. 올라갈 때 안 보이던 꽃이 내려올 때 보이는 것과 같다. 그래서 바람직한 독서법은 두 번 읽기 즉 재독(再讀)이라고 하는 것이다.

그런데 두 번 읽는 것도 요령이 있다. 그냥 두 번 읽는 것이 아니다. 단순한 정보를 받아들이는 것이 아니라 '본인의 관점을 책에 넣고 나름대로 재해석'하면서 보는 것이다. 한 번 읽을 때는 이것이 어렵다. 책의 내용을 이해하고 받아들이는 데 에너지를 쏟아 붓기 때문이다.

두 번 읽을 때는 여유가 있다. 천천히 주변을 돌아볼 수 있다. 그래서 이것이 가능하다. 자신의 관점에서 하나씩 재해석해보는 것이다. 그리고 내 삶에 어떻게 적용할 것인가도 찾아내는 것이다. 이렇게 할 때 진짜로 독서를 했다고 말 할 수 있다.

책을 집필하는 저자의 입장에서 보면 책은 '사실'에 대한 저자의 '해석'이라 할 수 있다. 어떤 관점으로 사실을 해석했느냐가 책의 성격을 규명한다. 그래서 똑같은 사실이라도 저자가 어떤 관점에서 그 사실을 해석했느냐에 따라 책의 색깔도 달라지는 것이다. 독서의 목적은 여러 가지가 있겠지만 중요한 것은 그 책을 통해서 내 삶에 좋은 영향을 받는 것이다.

보는 만큼 성장한다. 책을 통해 보든, 여행을 통해 보든 보는 만큼 사고가 깊어지고 확장되는 것이다. 아마존 밀림에서 책 한 권도 읽지 못한 사람, 또한 그곳을 평생 한 번도 떠나보지 못한 사람은 수많은 책을 읽고 여러 나라를 다녀본 사람과 분명히 차이가 나는 것이다. 똑같은 책이라도 한 번 읽은 사람과 두 번 읽은 사람도 차이가 난다.

책의 종류에 따라서 다르겠지만 『삼국지』는 세 번을 읽어야 하고, 『손자병법』은 적어도 두 번은 읽어야 한다. 이 숫자는 최소한의 숫자다. 물론 더 많이 읽으면 더 좋다. 내 제자 황주원은 지금까지 2,000번이나 읽었다. 그가 내게 하는 말이 있다. "읽으면 읽을수록 느낌이 다릅니다. 스승님이 15,000번을 읽으셨으니까 저는 20,000번을 읽겠습니다." 이것이 제자가 스승보다 낫다는 청출어람(靑出於藍)이 아니겠는가.

만일 우리가 읽는 책이 주먹질로 두개골을 때려 깨우지 않는다면 도대체 무엇 때문에 책을 읽는단 말인가? 책이란 우리 내면에 존재하는 얼어붙은 바다를 깨는 도끼여야만 한다." -프란츠 카프카

책은 도끼다. 내 두개골을 때려 깨워야 제대로 된 독서다. 황주원

8

의 말처럼 내가 손자병법을 15,000번 읽기까지는 약 40년의 긴 세월이 걸렸다.

중국에는 '손자천독달통신(孫子千讀達通神)'이라는 말이 있다. 『손자병법』을 천 번 정도 읽으면 신의 경지와 통한다는 말이다. 마흔의 나이를 넘어 대략 15년의 긴 세월을 두고 천 번 정도 읽으니까 비로소 『손자병법』이 어떤 책인지 알게 되었다. 물론 신의 경지에는 도달하지 못했다. 이를 통해 어떤 경지에 이르기 위해서는 반드시 일정한 시간이 필요하고, 인생의 경륜과 경험적인 요소가 쌓여야 함을 절실히 느꼈다. 특별한 경우가 아니면 나이에 상응한 그 수준에서 깨닫게 되는 것이다.

『손자병법』은 단순한 문학작품이 아니라, 나라의 존망과 사람들의 생사가 달린 전쟁을 위한 병법서이기 때문에 다른 책과는 차별화된다. 최근 서점가에는 한문을 공부했다는 사람들에 의해 만들어진 『손자병법』이 쏟아져 나오고 있다. 단지 한문을 공부했다는 것만으로 『손자병법』을 제대로 해석할 수는 없다. 한문 실력은 기본이고 그 이상의 것이 필요하다. 전쟁사는 물론이고, 군사전략도 알아야 하며, 실제적인 병력 지휘 경험까지 필요하다. 다행히 나는 이 모든 것을 빠짐없이 갖추는 행운을 누렸다. 중국어와 한문을 공부했고, 동서고금의 역사적 전적지가 있는 40개국을 배낭을 메고 다니면서 전쟁사를 연구했으며, 합동참모본부에서 실제적인 군사전략을 다루었다. 또한 육군대학에서 전략학 처장을 지내며 전략을 학문적으로 연구했다. 특히 사관생도 시절『손자병법』을 처음 접하고 난 뒤에 소대장, 중대장, 대대장을 거쳐 최전방의 연대장을 하면서 나는 그것이 현실적으로 어떻게 적용되는지 꾸준히 지켜봐왔다. 책으로만 읽었을 때와 실제로 병력을 지휘하며『손자병법』을 적용했을 때의 어구 해석은 많이 달랐다. 이 점에 대해서는 약간의 부가 설명이 필요하다.

『손자병법』13편을 완성했을 때, 손무는 전쟁 지휘의 실제 경험도 없이 이론으로만 집대성했다. 오나라 왕인 합려에게 장수로 발탁되어 오초전쟁을 치르기 전까지 그는 한낱 이론만 알고 있는 군사이론가에 불과했다. 그는 오나라로 망명하기 전 강태공이 살던 제나라에서 태어났다. 강태공은 주나라를 창건하는 과정에서 많은 전쟁을 치르며 자신의 병법을 완성했다. 이런 실전적인 강태공의 병법을 깊이 연구한 손무는 중요한 어구 몇 개를 그대로 인용했고,『손자병법』의 근본을 이루는 부전승의 원리도 그에게서 배웠다. 이런 식으로 손무는 강태공의 병법을 기본으로 하여, 그 당시 편재되어 있던 여러 병법을 공부하고 연구하여 잘 조합함으로써 오늘날의『손자병법』을 만들어낸 것이다.

완벽에 가까운 책이지만, 이런 배경 때문에 그가 집필한『손자병법』을 자세히 살펴보면 이해하기 어려운 부분이 많다. 실전을 경험하지 못한 손무가 강태공이나 다른 병법의 내용을 그대로 인용하는 과정에서, 사실상 그 자신도 잘 이해하지 못했기 때문에 애매한 상태로 기술한 내용이 적지 않은 까닭이다. 그중 한 가지 예를 들면, 제8편 '구변'에 나오는 "왕의 명령이라도 듣지 않을 수 있다"라는 어구다. 그 당시 왕명을 거역한다는 것은 곧 죽음을 의미했다. 생사가 걸린 일에서조차 아무런 부가 설명 없이 그대로 기술된 것이다. 단순히 이 어구만을 읽는 사람의 입장에서는 얼마나 애매하며 위험한 일인가. 바로 이런 것이 실제로 병력을 지휘해본 경험이 없는 사람이 이론만으로 책을 집필했을 때의 한계다. 깊이 있게 『손자병법』을 연구한 사람이라면 충분히 수긍할 수 있을 것이다. 그렇기 때문에 『손자병법』을 정확히 이해하기 위해서는 한문 실력을 넘어서 전쟁사에 대한 이해와 군사전략, 특히 실제적인 병력 지휘 경험이 필요한 것이다.

1972년 산둥 성 은작산에서 『손자병법』 죽간이 출토되었다. 이때 오초전쟁으로 비로소 실전을 경험한 손무가 이론으로만 집대성했던 『손자병법』의 애매한 부분에 대한 내용이 발견되었다. 다섯 편에 걸쳐 중요한 어구에 대해 보충 설명을 한 것이었다. 예를 들어 앞에서 말한 "왕의 명령이라도 듣지 않을 수 있다"에 대한 애매한 어구에서 어떤 경우에 듣지 않을 수 있는가 하는 것이 구체적으로 설명된 것이다. 참으로 다행한 일이 아닐 수 없다.

내가 『손자병법』을 실제에 적용하고 여러 시행착오를 거치면서 연대장을 마쳤을 때 대략 5,000번을 읽었다. 약 10년 전의 일이다. 그리고 군을 떠나 대학교수로서 강단에 서며, 국내외의 여러 기업

과 정계와 사회 현장에서 수많은 강의를 하며, 40년의 세월을 두고 꾸준하게 15,000번 이상을 통독한 이제야 "『손자병법』이 이런 책이구나!" 하고 조금은 자신감을 가지고 말할 수 있게 되었다.

『손자병법』은 내게 운명과도 같다. 마치 옆에서 잠시도 쉬지 않고 조잘거리는 친구처럼 길을 걸을 때도 운전을 할 때도 밥을 먹을 때도 내게 속삭인다. 이제 환갑을 훨씬 지난 나이에 이르러 나름대로 깨달았던 『손자병법』의 진수를 여러 사람들과 나누고 싶다.

처음에는 책의 분량을 최소화하기 위해서 원문을 중심으로 오직 그것을 정확히 설명하는 직역만 실으려고 했다. 그러나 망설임 끝에 현실에 적용하기 좋은 실제적인 얘기를 팁으로 넣었다. 물론 이 책을 읽는 대상은 청소년부터 성인이다. 가능하면 어릴 때부터 이 『손자병법』을 공부해서 전략적인 마인드를 가졌으면 좋겠다. 우리 사회는 대체로 전략적인 마인드가 부족하다. 사람이 한평생을 살면서 단 한 가지라도 깊이 있게 문리를 뚫는 경험을 할 수 있다면 좋겠다. 한 가지 본질을 뚫으면 다른 것들도 그런 수준에서 쉽게 뚫린다. 『손자병법』은 본질을 꿰뚫어 그 깊이를 맛보는 데 있어서 최고의 책이다. 인생은 길이도 중요하지만 깊이도 중요하다. 과연 보면 볼수록 『손자병법』은 위대한 책이다.

2,500여 년 전의 고전이 오늘날까지 전 세계에 걸쳐 정치, 군사, 경제, 경영 등 모든 분야에서 영향력을 발휘하고 생명을 유지하는 데는 그럴 만한 이유가 있다. 마오쩌둥은 죽을 때까지 침상 머리맡에 『손

자병법』을 두었다고 한다. 빌 게이츠도 오늘날의 그를 있게 한 것은 『손자병법』이라고 했다. 인류에게『손자병법』이 있다는 사실이 참으로 다행스럽다. 확실히『손자병법』은 신의 선물이다. 이 책이 험한 경쟁의 세상에서 성공을 원하는 모든 사람들에게 승리의 바이블이 되면 좋겠다. 정통적으로 해석한, 적어도 기준이 되는『손자병법』을 한 권 정도는 소장하고 싶은 독자에게 이 책은 도움이 될 듯싶다. 한 번 손자병법을 읽었던 독자는 이번 기회에 두 번을 읽어보자. 그리고 지난 번『만만한 손자병법』을 읽은 독자도 이제는 다시 이 책으로 두 번 읽기에 도전하자. 한 번 읽었을 때와는 확연하게 다르게 다가올 것이다. 영상에 친숙한 독자를 위해 특별히 내가 강의한 영상을 큐알코드를 이용해서 볼 수 있도록 각 편의 시작부분에 배치했다. 군더더기를 다 없애고 원론에 충실한 강의를 했기 때문에 본질을 이해하는 데 아주 유용할 듯싶다. 손자병법 책에 새로운 시도라 할 수 있다. 독자의 연령이나 교육수준 그리고 해석을 원하는 방향이 다 다르기 때문에 당연히 모두를 만족시킬 수는 없을 것이다. 최소한 두 번을 읽으면서 자신만의 '관점'에서 '재해석'하면서 읽기를 바란다. 그러는 가운데 이 책이 도끼가 되어 내 두개골을 때려 번개같이 깨우치는 일이 일어나기를 기대해보자.

노병천

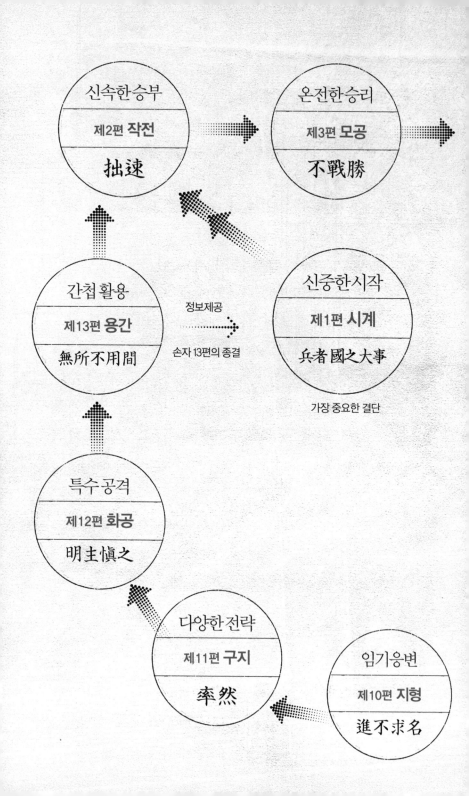

신속한승부

제2편 작전

拙速

온전한승리

제3편 모공

不戰勝

간첩 활용

제13편 용간

無所不用間

정보제공

손자 13편의 종결

신중한시작

제1편 시계

兵者國之大事

가장 중요한 결단

특수 공격

제12편 화공

明主愼之

다양한 전략

제11편 구지

率然

임기응변

제10편 지형

進不求名

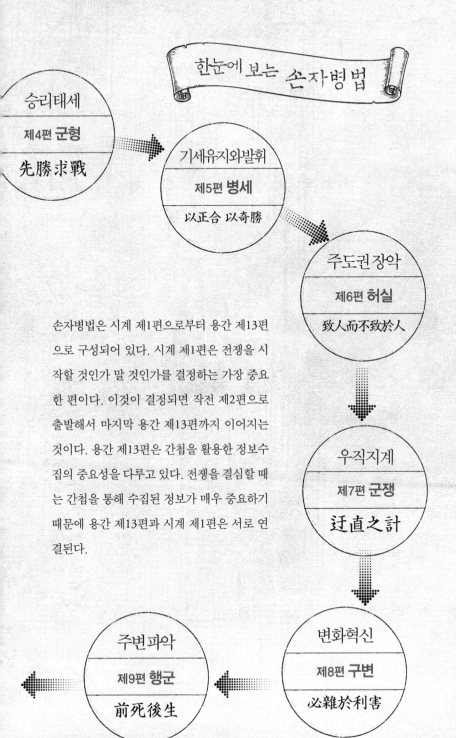

한눈에 보는 손자병법

승리태세
제4편 군형
先勝求戰

기세유지와발휘
제5편 병세
以正合 以奇勝

주도권 장악
제6편 허실
致人而不致於人

우직지계
제7편 군쟁
迂直之計

변화혁신
제8편 구변
必雜於利害

주변파악
제9편 행군
前死後生

손자병법은 시계 제1편으로부터 용간 제13편으로 구성되어 있다. 시계 제1편은 전쟁을 시작할 것인가 말 것인가를 결정하는 가장 중요한 편이다. 이것이 결정되면 작전 제2편으로 출발해서 마지막 용간 제13편까지 이어지는 것이다. 용간 제13편은 간첩을 활용한 정보수집의 중요성을 다루고 있다. 전쟁을 결심할 때는 간첩을 통해 수집된 정보가 매우 중요하기 때문에 용간 제13편과 시계 제1편은 서로 연결된다.

차례

제1편 시계始計 **시작이 전부다**   28

어떤 일을 시작하든 주먹구구식이나 감정적으로 결정해서는 안 된다. 무턱대고 시작했다가는 한 가정을 망치기도 하고, 한 회사를 망하게 만들기도 하며, 나라까지 돌이킬 수 없는 상황에 빠지게 할 수도 있기 때문이다.

제2편 작전作戰 **재빨리 승부를 보라**   56

어차피 전쟁을 결심했으면 기대하는 전과에 미치지 못해도 욕심을 버리고 재빨리 승부를 보는 것이 좋다. 오래 끌수록 돈도 많이 들어가고 사람도 많이 죽게 된다. 비록 이기더라도 좋지 않다. 가능한 피해를 줄이고 실속 있는 승리를 거둬야 한다.

제3편 모공謀攻 **온전한 상태로 이겨라**   72

싸우지 않고도 목적을 달성하는 것, 즉 부전승이 가장 좋다. 가급적 아군의 피해를 최소화하는 방향으로 꾀를 쓰라는 것이다. 현명한 전쟁을 할 것과 적과 나를 잘 알아 전장의 주도권을 장악할 것을 강조하고 있다.

형(形)은 군대가 어떤 형태를 취하는 것으로, 승리를 위해 군대를 어떠한 태세로 만들어야 하는가를 의미한다. 이길 수밖에 없는 압도적인 태세를 먼저 갖춰놓을 것을 강조하고 있다.

승리를 위한 태세를 갖춘 후에 기세로 적을 깨뜨리는 법을 알려준다. 세를 발휘할 수 있는 조직을 잘 편성해야 하며, 실제에서는 원칙과 변칙을 잘 활용해야 한다. 잘 만들어진 힘을 바탕으로 마음껏 새로운 아이디어로 승부하는 기정전략(奇正戰略)이 여기서 나왔다.

주도권에 관한 문제를 깊이 다루었다. 허한 곳을 노리고 실한 것을 피하라는 원칙이 적용되고 있다. 주도권을 잡는 한 가지 방법으로 제시되는 집중의 위력이 어떠하며, 어떻게 그것을 달성할 수 있는지에 대해 자세히 다룬다.

양군이 서로 대치하여 승리를 다투는 것을 말한다. 이론이 아니라 실제로 승리를 달성해야 하는 입장에서 매우 힘든 전투라고 하겠다. 우직지계(迂直之計)라는 간접 접근이 등장하고, 사기의 중요성이 강조되고 있다.

불로 공격하는 화공의 종류와 실시 요건, 준칙이 제시되어 있고, 지휘통솔에 대해서도 언급하고 있다. 지휘통솔이 여러 편에 언급되는 이유는 전쟁에서 승리하는데 직접적인 영향을 주기 때문이다. 마지막 부분에는 전쟁을 개시할 때의 신중성이 강조되어 있다.

간첩 활용의 중요성과 효과, 유의사항, 다섯 가지 간첩 활용법을 자세히 언급하고 있다. 현명한 군주와 장수만이 간첩을 잘 활용할 수 있다. 전쟁을 결심하는 단계에서 적의 역량 파악은 필수적이므로, 손자병법 제1편과 제13편은 하나로 연계된다.

일러두기

책 곳곳에 수록된 큐알코드를 통해 관련 강연 및 영상을 감상하실 수 있습니다.

『손자병법』을
15,000번 읽고 나니

『손자병법』은 어떤 책인가? 기원전 5세기경 중국의 손무(孫武, B.C. 545-470년경)가 쓴 책이다. 손무는 강태공을 시조로 둔 제나라에서 태어났지만 오나라로 망명하여 오나라에서 활약을 한 사람이다. 손무는 오나라에 와서 『손자병법』 초본을 완성했고, 오자서의 천거로 인해 오왕 합려에게 장수로 임용되어 오초전쟁을 승리로 이끌었다.

시중에 독서법이 유행이다. 어떻게 책을 읽어야 하는가를 다루는 책이다. 그런데 다 그런 것은 아니지만 대체로 그런 책을 저술한 저자가 실제로는 책을 제대로 읽지 않는다는 사실이다. 책을 만드는 데 필요한 부분만 살짝 끄집어내고 나머지는 대충 훑어보는 경우가 적지 않다. 제대로 된 독서법을 이야기하려면 적어도 똑같은 책을 두 번은 진지하게 읽어야 한다. 한 때 바람을 일으켰던 인문학도 마찬가지다. 정작 인문학을 제대로 공부하지 않고 인문학 책을 저술하는 저자도 있다. 무슨 책을 어떻게 읽고 어떤 식으로 접근해야 되는지는 열심히 설명하면서 정작 그 자신은 인문학을 공부하지 않는다면 그것은 아이러니다. 마치 교회에서 기도하는 방법은 배웠지만 실제로 기도는 하지 않는 것과 같다. 기도하는 방법을 아는 것이 중요한 것이 아니라 단 5분이라도 무릎 꿇고 실제로 기도하는 것이 중요하지 않은가. 자칭 어떤 분야의 전문가라고 말하는 사람들의 행태를 자세히 들여다보면 대체로 이런 우스운 일이 있다. 책 몇 권 집필했다고 해서 다 전문가가 아니다. '본질'에 닿지 않은 사람은 전문가라 할 수 없다.

『손자병법』도 마찬가지이다. 『손자병법』이 워낙 유명하니까 평생에 한 번은 읽어봐야지 하고 책을 들었다가 대충 훑어보고는 덮어버리기 쉽다. 본질에는 문턱에도 가지 못하고 변죽만 울리는 것이다. 본질에 닿는 것은 결코 쉽지 않다. 무슨 책을 읽었다는 것이 중요한 것이 아니다. 몇 번을 읽었다는 것이 중요한 것이 아니다. 한 번을 읽더라도 본질에 닿도록 몰입해야 하는 것이다. 그래서 그러한 각오로 두 번도 보고, 세 번도 보는 것이다. 나는 내 서재 벽면에 『손자병법』 원문을 프린트해서 붙여놓고 하루에 수도 없이 읽었다. 읽을 때마다 새로운 것이 발견되고 느낌이 달랐다. 그리고 마침내 어느 순간 『손자병법』이 어떤 책인지 조금씩 보이기 시작했다. 우둔

한 나로서는 참 어렵고 힘든 과정이었다. 문리(文理)를 튼다는 것이 얼마나 어렵고 고통스런 일인지 평생을 헤매고 있다. 본질에 닿고 전문가가 되기 위해서는 오랜 '축적'의 시간이 반드시 필요하다. 사람들은 가끔 내게 질문을 한다. "『손자병법』을 15,000번이나 읽고 나니 어떤가요?" 그러면 "2,500년이 지난 오늘날에도 생명력을 유지하고 있는 그 '이유'를 비로소 알게 되었습니다."라고 대답을 해준다. 몇 번을 읽었다는 것이 자랑거리가 될 수 없다. 천 번을 읽더라도 본질에 닿지 않으면 무슨 의미가 있겠는가. 책은 자랑하기 위해 읽는 것이 아니다. 충분하지는 않지만 나름대로 느낀 것을 이 책 전체를 통해 현실에 맞는 쉬운 사례로 하나씩 녹여놓으려 애썼다. 보편적인 독자를 위한 것이라서 어떤 특별한 독자에게는 많이 미흡할 수도 있을 것이다. 결국 독자 여러분이 적어도 두 번은 읽으면서 자신의 방식으로 재해석해야 한다. 그래야 본질에 가까이 갈 수 있다. 우선 손자병법을 제대로 이해하기 위해 가장 중요한 세 가지 관점을 제시한다. 이 세 가지는 본질에 닿을 수 있는 아주 중요한 관점이다.

『손자병법』은 피할 수 없는 전쟁을 전제로 한다. 전쟁이나 싸움, 경쟁은 『손자병법』의 중요한 전제다. 절대로 전쟁을 회피하는 것이 아닌, 정면으로 부딪치는 공격적인 병법이다. 손무가 살던 시절은 패권 다툼을 위한 전쟁의 한가운데에 있었고, 누구라도 전쟁을 피할 수 없었다. 그렇다면 어떻게 해야 하는가? 이겨야 한다. 일단 이기는 것이 중요하다. 지면 그로 인해 입게 되는 손해가 너무 크기 때문이다. 이기되 어떻게 이겨야 하는가? 피해를 가장 적게 내면서 이겨야 한다. 이기더라도 피해를 많이 입고 이기면 좋지 못하다. 그러므로 가장 좋은 승리는 싸우지 않고 이기는 것이다. 『손자병법』에 쓰인 6,109자 중 그 중요도에 따라서 한 글자씩 지워나가다가 한 자만 남긴다면 그것은 '전(全)'이다. 온전한 상태로 이기는 것을 최고로 여기는 것이다. 가급적이면 나는 물론이고 상대방도 피해를 최소화하면서 이기는 것이 바람직하다. 그래야 후환이 없고, 상대방의 것도 내 것으로 이용 가능하기 때문이다. 이것을 상생(相生)이라고 한다.

춘추시대 말기에 왕들에게 가장 필요했던 것은 바로 패권을 얻기 위한 새로운 병법서였다. 손무는 이것을 잘 알고 『손자병법』의 방향을 그쪽으로 맞췄다. 그래서 합려가 기존의 수많은 병법서와 다른 그의 책에 매료되었던 것이다. 『손자병법』이 전쟁을 전제로 하기 때문에 이 점을 철저히 이용한 사람들이 있다. 『삼국지』의 조조와 유럽을 석권한 나폴레옹이다. 이들은 『손자병법』의 달인이다. 원정을 통한 정복전쟁을 성공시키기 위한 최고의 전략 지침서가 바로 『손자병법』이었다. 다시 말하지만, 『손자병법』은 수동적이거나 방어적이거나 소극적인 병법이 아니다. 도전적이고 적극적이며 공격적인 살인무기와도 같다. 그래서 야심을 가진 모든 군인들의 필독서가 되었고, 공격경영을 선호하는 빌 게이츠나 마쓰시타 고노스케, 손정의 같은 기업가들이 『손자병법』을 그들의 성공 바이블로 삼았던 것이다. 기업을 경영하는 CEO의 입장에서는 이러한 공격성이 바로 새로운 영역으로의 개발과 도전을 의미하는 것이라고 할 수 있다.

『손자병법』은 철저하게 리더를 위한 책이다. 『손자병법』은 철저히 리더 중심이다. 전쟁을 결심하는 과정이라든지, 왕과 장수들이 야전에서 전쟁을 수행할 때 어떠한 기준으로 할 것인지를 잘 보여준다. 왕과 장수의 전략과 리더십에 의해 전쟁의 승패가 결정된다. 『손자병법』은 바로 이런 점에 주목했다. 그러므로 『손자병법』을 잘 연구하면 최고의 전략과 리더십을 배울 수 있다. 그러나 오늘날의 관점에서 리더란 큰 조직을 이끄는 책임자만을 의미하는 것이 아니다. 가정에서는 부모가 리더이다. 형제간에서는 형이 리더이다. 작은 회사에서도 한 명 이상을 책임지는 사람이 바로 리더이다. 그러므로 모든 사람들이 리더라는 마음을 가지고 『손자병법』을 공부하면 현실적으로 적용이 가능한 매우 좋은 교훈을 얻을 수 있다.

『손자병법』은 현재 당면한 주적을 상대하되 주변의 경쟁자를 주의 깊게 고려한다. 『손자병법』은 대단히 전략적인 책이다. 당시 오나라의 분명한 주적은 초나라였다. 그래서 손무는 이것을 꿰뚫고 주적을 상대로 이기는 병법을 만들었고, 동시에 월나라와 같이 호시탐탐 오나라를 노리는 주변의 경쟁국들을 주의 깊게 고려했다. 이것은 오늘날의 국제환경과 아주 닮았다. 주 경쟁국에만 집중하는 것이 아니라, 주변

국까지도 동시에 보는 안정적이며 균형 잡힌 시각이 필요하기 때문이다. 기업활동에서도 마찬가지다. 주 경쟁업체만 신경을 쓰다보면 의외의 업체로부터 기습공격을 받을 수 있다. 그래서 『손자병법』은 결정적인 주적을 상대하되 언제나 뒤에서 나를 칠 수 있는 잠재적인 경쟁자들을 깊이 고려하라고 강조하는 것이다.

『손자병법』의 핵심 정리

『손자병법』은 피할 수 없는 경쟁 환경에서의 싸움을 전제로 한다. 싸움을 피하고 뒤로 물러서는 것이 아니다.

싸우면 반드시 이겨야 한다. 싸움을 시작하지 않았으면 몰라도 일단 시작했으면 무조건 이겨야 한다. 이기는 것이 피해가 적기 때문이다. 지게 되면 이기는 것보다 훨씬 더 많은 피해를 입는다. 역사를 보면 대체로 승리한 자는 비난당하지 않는다. "승자가 모든 것을 갖는다 (Winner takes all)"는 말은 왜 승자가 되어야 하는지에 대한 이유를 단적으로 보여준다. 그러므로 질 것 같은 싸움이라면 처음부터 하지 말아야 한다. 시작은 아무리 신중을 기해도 지나치지 않지만 일단 싸움을 시작했으면 무조건 이기도록 한다. 모든 것은 승리를 위해 존재하기 때문이다. 각종 속임수[詭道], 간첩 이용[用間], 우회 공격[迂直之計] 외 여러 계략은 현명하게 이기기 위해서 사용되는 방법들이다.

가장 좋은 승리는 내가 깨지지 않고 이기는 것이다. 이것이 나를 보존하는 온전함[全]을 지향하는 싸움이다. 내가 깨지고 많은 피해를 입으면서 얻은 승리는 그 가치가 적다.

가능하다면 상대방도 깨지지 않고 이기면 더 좋다. 상대방의 눈에 피눈물을 흘리게 하며 얻은 승리는 좋지 않다. 그런 식으로 승리를 거두면 반드시 후환이 생기기 때문이다. 오늘날 상생의 개념은 여기서 출발한다. 그러나 상대방을 깨지 않으려고 하다가 오히려 내가 깨진다면 그것은 잘못 이해한 것이다. 승리에 걸림돌이 된다면 무자비할지라도 상대방을 깨라. 그 어떤 것도 승리를 대신할 수 없다. 승리가 우선이다.

가장 좋은 것은 싸우지 않고 목적을 달성하는 것이다. 이것이 바로 부전승(不戰勝)이다. 부전승은 그저 싸움을 회피하거나 요행을 바라는 차원이 아니라, 막강한 힘을 바탕으로 상대방의 의지를 꺾어버리는 강력한 싸움의 전략이다. 부전승이 필요한 이유는, 전쟁은 단 1회로 끝나지 않기 때문이다. 그다음의 전쟁이 기다리고 있다. 전쟁이나 싸움이나 경쟁은 인류가 살아가는 한 계속된다. 가급적이면 부전승을 통해서 내 힘을 보존하는 것이 현명하다. 내가 힘이 없고 약하면 금방 잡아먹히기 때문이다. 박수를 받고 소문이 나는 승리를 피하

라. 새로운 라이벌이 생긴다. 박수를 받는 극적인 승리보다 더 중요한 것은 박수는 없지만 나를 보존하며 '그저' 이기는 승리다. 이것이 손무가 말하는 최고 수준의 승리이기도 하다.

『손자병법』의 구성

『손자병법』은 13편으로 구성되어 있으며, 총 6,109자이다(판형에 따라 약간 상이).

전쟁을 할 것인가 말 것인가를 결정하는 제1편 '시계'부터 현명하게 싸워 이기는 방법을 기술한 제3편 '모공'까지는 전략적 차원이며, 지지 않을 준비를 갖추는 제4편 '군형'부터 불로 하는 공격을 다루는 제12편 '화공'까지는 전술적 차원이며, 제13편 '용간'은 전쟁을 결심할 때에 결정적으로 영향을 주는 정보를 다루기 때문에 이를 전략적 차원으로 분류할 수 있다. 그래서 제13편과 제1편은 서로 연결되어 돌고 돈다.

물론, 각 편에 대해서 자로 재듯이 엄격하게 전략과 전술로 구분할 수는 없으며, 각 편 안에도 전략과 전술이 섞여 있다.

각 편마다 중요한 어구는 받아쓰기로 제시했다. 한 번 또는 세 번까지 쓰게 했다. 그냥 눈으로 보는 것과 직접 써보는 것은 느낌부터 다르다. 꼭 써보기 바란다.

시작이 전부다

제1편 시계 始計

전쟁은 나라의 큰 일이다 | 주먹구구는 통하지 않는다 | 한마음이 우선이다

날씨를 잘 살펴라 | 내가 디딘 땅은 단단한가? | 리더의 자격

시스템으로 일하라 | 인재를 잡아두려면? | 이론과 실제를 일치시켜라

속임수도 전략이다 | 겉만 보고 판단하지 마라 | 모든 상황을 유리하게 만들라

아차 하며 속지 마라 | 반드시 성공할 확신이 있을 때 나서라

兵者 國之大事 병자국지대사
전쟁은 나라의 큰일이다.

道者 令民與上同意 도자영민여상동의
도라는 것은 위와 더불어 하나가 되는 것이다.

兵者 詭道 병자궤도
전쟁에는 속임수가 많다.

多算勝 다산승
이길 계산이 많으면 이긴다.

전쟁은 나라의 큰 일이다

손자가 말하기를, 전쟁은 나라의 큰 일이다. 사람들의 생사와 나라의 존망이 달린 것이니 깊이 살피지 않을 수 없다.

孫子曰, 兵者, 國之大事也, 死生之地, 存亡之道, 不可不察也.
손자왈　병자　국지대사야　　사생지지　　존망지도　　불가불찰야

兵	者	國	之	大	事

전쟁은 나라의 큰일이다. 『손자병법』의 첫 어구이다. 참으로 비장한 시작이 아닐 수 없다. 그도 그럴 것이 나라의 존망과 백성의 생사가 바로 전쟁에 달려 있기 때문이다. 그래서 전쟁을 할 것인가 말 것인가를 결심함에 신중에 신중을 기해야 한다는 것이다. 여기서 '병자국지대사(兵者國之大事)'라는 어구는 손자가 처음 사용한 말이 아니다. 강태공의 육도(六韜) 논장(論將)에 나오는 말이다. 손자는 강태공이 세운 제나라에서 600여년 후에 태어났고 그 땅에서 병법의 시조라고 불리는 강태공의 영향을 많이 받았을 것이다. 그래서 첫 어구를 강태공의 병법에서 따온 것으로 본다.

다시 살펴볼 것이 있는데 첫 시작이 '손자왈(孫子曰)'이라는 것이다. 손무 자신을 일컬어 손자라고 했다. 본래 자(子)라는 용어는 존경받는 사람을 높여 부를 때 사용하는 말이다. 공자, 맹자, 순자와 같은 것이다. 그렇다면 뭔가 맞지 않는다. 손무가 자기 스스로를 일컬어 높임말인 '손자'를 사용했다는 것이다. 우습지 않은가? 미루어 보건데 우리가 보는 『손자병법』은 손무가 직접 썼다기 보다는 후세의 누군가 다시 정리한 것으로 짐작된다. 실제로 1972년 은작산 전한시대 묘에서 발굴된 『손자병법』은 손자가 살았던 시대보다 대략 300여년 후의 것으로서 손무의 병법과 가장 시대적으로 가까운 것이다. 후세에 누가 다시 썼든지 상관없이 손무의 오리지널 병법은 지금 우리가 보는 『손자병법』과 거의 같을 것이다. 병자는 국지대사다. 전쟁은 조심하고 또 조심해야 한다.

주먹구구는 통하지 않는다

그러므로 전쟁에 앞서 적과 나를 다섯 가지 요건으로 헤아리고, 계로써 적과 비교하여 그 승패 여부를 판단한다. 첫째는 도요, 둘째는 천이요, 셋째는 지요, 넷째는 장이요, 다섯째는 법이다.

故經之以五, 校之以計, 而索其情.
고 경 지 이 오   교 지 이 계   이 색 기 정

一曰道, 二曰天, 三曰地, 四曰將, 五曰法.
일 왈 도   이 왈 천   삼 왈 지   사 왈 장   오 왈 법

일을 시작할 것인가, 말 것인가를 결심할 때는 그것을 결정하는 데 도움을 주는 과학적인 체크리스트가 있어야 한다. 대충 생각하며 주먹구구식으로 일을 시작하기로 결심해서는 안 된다. 손자는 엄밀하게 따져보는 요소로 도천지장법의 다섯 가지를 제시한다. 이른바 오사(五事)이다. 오사는 우선적으로 내가 어느 정도의 수준에 있는가를 측정하는 것이다. 내 수준도 잘 모르고 그저 욕심이 나서 덜컥 일을 벌였다가 잘못된다면 나도 죽고 회사도 죽는다. 그러므로 무엇보다도 내 수준을 잘 아는 것이 우선이다. 오사의 다섯 가지 요소는 비단 전쟁이나 사업을 결심할 때뿐만 아니라 가정생활이나 사회생활 전반에 걸쳐 내 수준을 측정해볼 수 있는 매우 유용한 체크리스트이다. 벤저민 프랭클린은 계획의 중요성에 대해 이렇게 말했다. "계획하는 데 실패한다면 실패를 계획한 것이다."

道	天	地	將	法

한마음이 우선이다

도는 민중들로 하여금 위와 뜻을 같이하는 것이다. 그러므로 가히 함께 죽기도 하고, 함께 살기도 하면서, 민중이 의심을 하지 않는 것이다.

道者, 令民與上同意也. 故可與之死, 可與之生, 而民不詭也.
도자   영민여상동의야   고가여지사   가여지생   이민불궤야

오사 중에서 가장 먼저 나온 것이 도(道)다. 그만큼 중요하다는 얘기다. 그저 인의예지(仁義禮智)를 강조하며 사람의 도리를 말하는 공자의 도와 달리, 여기서의 도는 일치된 마음이다. 한가롭게 사람의 도리를 얘기하는 것이 아니다. 험한 경쟁의 틈바구니에서 살아남기 위해서는 무엇보다도 서로가 빈틈없이 한마음이 되어야 하는 것이다. 소통이다. 위기 돌파에 이것보다 중요한 것은 없다.

손자가 말하는 궁극적인 도는 함께 죽기도 하고 살기도 하는, 생사의 완전한 일체를 의미한다. 그렇게 할 때 사람들은 어떤 위기에서도 리더를 신뢰하며, 그에 대해 조금도 의심하지 않게 된다.

다른 측면에서 보면, 도는 마음을 하나로 묶는 경영철학이다. 기업이 나아가야 할 방향이자 정신이다. CEO는 우선적으로 경영철학을 확고하게 세우되, 그것을 조직원이 공감할 수 있도록 해야 한다. 그러면 어떠한 위기를 만나더라도 지혜롭게 헤쳐나갈 수 있다.

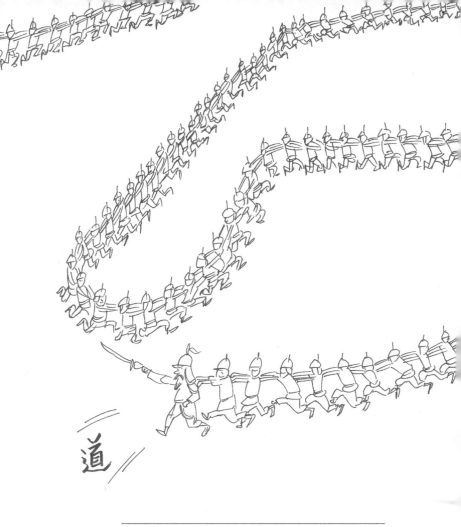

道

道	者	令	民	與	上	同	意

날씨를 잘 살펴라

천이란 맑고 흐림, 추위와 더위, 사계절의 변화를 말한다.

天者, 陰陽, 寒暑, 時制也.
천자 음양 한서   시제야

천(天)이란 기상과 기후를 말한다. 전쟁을 할 때나 사업을 할 때나 이것을 잘 살피지 않으면 안 된다. 날씨에 따라 준비해야 할 것이 달라진다. 처음 계획과는 달리 예상치 못한 장기전이 되어 겨울을 준비하지 못해 패배한 예가 의외로 많다. 1941년 6월 22일, 히틀러는 300만 명을 동원해서 소련을 침공했다. 이날은 공교롭게도 1812년 나폴레옹이 러시아를 침공한 날이기도 했다. 히틀러는 결국 러시아의 강력한 저항 앞에 무릎을 꿇었지만, 영하 40도의 혹독한 날씨는 수많은 희생자를 낳을 수밖에 없었다. 장기전에 대비하지 못한 탓이었다.

기업 현장에서도 언제 상품을 출시할 것인가가 수익 구조를 결정하는 중요한 포인트가 된다. 그렇기 때문에 날씨 전략이라든가 날씨 마케팅이 존재하는 것이다. 천의 요소는 시류에 따라 변하는 주변 환경 여건으로 응용할 수 있다. 날씨가 수시로 변하듯이 주변 여건도 변하기 때문이다. 물론 국내적인 여건과 국외적인 여건을 동시에 고려해야 한다.

어떤 일을 하기에 가장 적절한 '때'가 있다. 타이밍이다. 그 '때'를 잘 분별하고 '때'에 맞춰 일을 결행해야 한다. 그것을 잘하는 사람이 능력 있는 리더이다. 천의 요소는 하늘의 것이기 때문에 내가 임의로 어떻게 할 수 있는 문제는 아니다. 그러나 그것을 어떻게 유리하게 이용할지 생각해볼 수는 있다. 그 이용 능력을 측정하는 것이 바로 두 번째 요소인 친이다.

내가 디딘 땅은 단단한가?

지란높고낮음, 멀고가까움, 험함과평탄함, 넓고좁음, 사지와생지를말한다.

地者, 高下, 遠近, 險易, 廣狹, 死生也.
지자 고하 원근 험이 광협 사생야

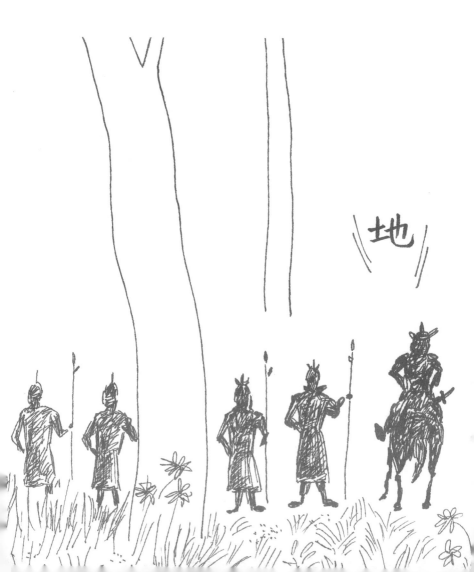

지(地)라는 것은 내가 싸울 땅의 형태와 거리 여부를 말한다. 지에 따라 보병 위주로 부대를 편성할 것인가, 아니면 기병 위주로 부대를 편성할 것인가가 달라진다. 말이 달리기 어려운 지형에서는 보병이 주를 이루는 것이 유리하다. 거리가 멀면 그만큼 식량이나 보급품을 전달하기 어렵다는 점도 염두에 두어야 한다. 따라서 그에 따른 별도의 조치가 필요하다. 지의 요소 또한 천의 요소와 마찬가지로 내가 임의로 어떻게 할 수 있는 성질의 것이 아니다. 다만 얼마나 그것에 맞게 준비하고, 어떻게 그것을 유리하게 이용하느냐가 중요하다.

이것을 기업 현장에 응용하면, 지는 현재 회사가 처한 입장과 역량을 뜻한다. 즉 주변과 비교할 때 어떤 전략적 위치에 있는가? 자산은 얼마나 되고, 직원의 역량은 어느 정도의 수준인가? 하는 것이다. 리더는 회사가 단단한 지의 기반 위에 서도록 부족한 부분을 채우기 위해 부단히 노력해야 한다.

리더의 자격

장은 현명하고, 믿음직하고, 어질고, 용감하고, 엄정해야 한다.

將者, 智, 信, 仁, 勇, 嚴也.
장자 지 신 인 용 엄야

智	信	仁	勇	嚴

리더의 자격을 가지려면 그 자질이 갖춰져야 한다. 첫 번째 자질인 지(智)는 상황을 정확하게 보는 분별력을 말한다. 『로마인 이야기』를 저술한 시오노 나나미는 여기에 덧붙여 "리더에게 요구되는 지적 능력은 현상을 정확하게 파악한 후의 '문제 해결 능력'이다"라고 말했다.

두 번째 자질인 신(信)은 신뢰를 말한다. 신뢰는 무엇보다도 인테그리티(integrity)를 갖출 때 얻을 수 있다. 대체로 인테그리티는 '성실'로만 알고 있는데, 그보다 훨씬 더 중요한 의미가 있다. 영어사전을 보면 일차적으로는 고결, 정직, 성실, 청렴이라 풀고, 이차적으로는 완전한 상태, 흠이 없는 상태라고 푼다. 리더는 반드시 도덕적이어야 하고, 언행에 흠이 없어야 한다. 또한 그러한 모습을 모든 사람에게 행동으로 보여주고, 그렇다고 인정받을 수 있어야 한다. 신(信)을 갖춘 리더야말로 진정한 리더라고 할 수 있다.

세 번째 자질인 인(仁)은 따뜻한 마음을 말한다. 리더는 사람에 대해 따뜻한 가슴을 가져야 한다. 사람들은 따뜻한 리더에게 마음을 준다. 네 번째 자질인 용(勇)은 용기다. 옳다고 믿는 것을 선택하는 용기와, 자신이 한 말과 행동에 대해 끝까지 책임을 지는 용기를 말한다. 마지막 자질인 엄(嚴)은 엄격함이다. 무엇보다도 자기 자신에 대해 엄격해야 한다. 남에게는 엄격하고 자신에게는 엄격하지 못하면 좋은 리더가 아니다. 리더는 자기통제를 잘하는 사람이어야 한다.

시스템으로 일하라

법이란군대의조직이나편제에관한제도, 장수나장교의관리에관한제도, 군수물
자와군사비용에관한제도를말한다.

法者, 曲制, 官道, 主用也.
법자　곡제　관도　주용야

법(法)은 조직을 돌아가게 하는 시스템이다. 오늘날 "시스템으로 일하라"는 말이 유행하고 있는데, 이것은 2,500여 년 전에 이미 손자가 주창한 말이다. 효율적인 조직을 보면 법 시스템이 아주 잘되어 있다. 마치 사람 대신 시스템이 일을 하는 것처럼 보인다. 그 회사에 들어서면 무엇을 해야 할지 금방 알 수 있다. 모든 분야가 시스템화되어 있기 때문이다. 출퇴근 시스템, 분야별 업무 시스템, 인사 교류 시스템, 상벌 시스템, 복지 시스템, 물자 지원 시스템 등 여러 시스템으로 회사가 돌아간다. 혼자 하려면 힘이 드는 일도 시스템으로 하면 쉽고 효율적이며 성과도 높다.

로마군단을 전율에 떨게 만들었던 카르타고의 명장 한니발이 있다. 그런데 결국 카르타고는 로마에 의해 멸망당했다. 그 이유가 뭘까? 카르타고에는 한 명의 한니발이 있었지만 로마에는 열 명의 한니발이 준비되어 있었기 때문이다. 이 말은 무엇을 의미할까? 단 한 사람에게 모든 것이 걸려있는 조직은 매우 위험하다. 그 한 사람이 잘못되면 전체가 무너지는 것이다. 의외로 그런 회사들이 많다. 한 명의 CEO가 잘못되자 회사 자체가 없어진 것이다. 가장 어리석은 조직은 단 한 사람에게 모든 것이 걸린 조직이다. 한 사람이 없더라도 저절로 돌아갈 수 있는 시스템을 만들어야 한다.

인재를 잡아두려면?

무릇이다섯가지는장수가듣지않았을리없으니,이를잘아는자는이기고,잘알지못하는자는이기지못한다.그러므로일곱가지의계를서로비교해서그승패의실정을살핀다.말하되,군주는어느쪽이더도가있는가?장수는어느쪽이더유능한가?천지는어느쪽이더유리한가?법령은어느쪽이더잘시행되는가?군대는어느쪽이더강한가?장병들은어느쪽이더훈련되었는가?상벌은어느쪽이더분명한가?나는이것으로승부를알수있다.만약나의계를듣는다면,전쟁할때반드시이기기때문에나는머문다.만약나의계를듣지않는다면,전쟁할때반드시지기때문에나는떠날것이다.

凡此五者,將莫不聞,知之者勝,不知者不勝.故校之以計,而索其情.
　범차오자　　장막불문　지지자승　부지자불승　　고교지이계　　이색기정

曰主孰有道,將孰有能,天地孰得,法令孰行,兵衆孰强,士卒孰練.
　왈　주숙유도　장숙유능　천지숙득　법령숙행　병중숙강　사졸숙련

賞罰孰明.吾以此知勝負矣.
　상벌숙명　　오이차　지승부의

將聽吾計,用之必勝,留之,將不聽吾計.用之必敗,去之.
　장청오계　용지필승　유지　장불청오계　용지필패　거지

44

다섯 가지 요소로 자신의 조직을 점검한 후, 그 수준을 정확히 알고 난 다음에 부족한 부분을 채워야 한다. 그리고 경쟁자의 수준을 측정해서 내가 상대할 수 있는지를 따져봐야 한다. 경쟁자의 수준을 측정할 때는 조직의 견실함과 조직원의 숙련도, 그리고 엄격한 상벌 시행 여부를 더 자세히 보게 되는데, 이 역시 오사의 범주에서 벗어나지 못한다. 군주나 CEO가 이런 요소를 가지고 면밀하게 조직을 진단하고 부족한 부분을 채우는 사람이라면, 반드시 성공하는 조직이기 때문에 그 조직에 몸담아 봉사하고, 그렇지 않으면 미련 없이 떠나는 것이 좋다. 그러니까 정말 좋은 인재를 회사에 붙잡아두려면 이런 자기반성적인 CEO가 되어야 한다. 한국경영자총협회의 조사에 따르면 직장인의 4명 중에 1명은 입사 1년도 안 돼 떠난다고 한다. 그리고 10명 중에 9명은 근무 중에 수시로 회사를 떠나고 싶은 충동을 느낀다고 한다. 여러 이유가 있겠지만 가장 큰 이유는 상사가 마음에 들지 않는다는 것이다. 칭찬에 인색하고 화만 내고 혼만 내는 상사가 많다는 것이다. 맡은 일에 흥미를 느끼지 못하거나, 열심히 일했는데도 성과를 인정받지 못할 때도 보따리 싸고 싶다는 것이다. 인재를 잡아두려면 무엇을 원하는지 면밀하게 파악해서 그들이 원하는 것을 들어줘야 한다. 오왕 합려는 손무가 장수가 되기를 원했기에 그의 능력을 점검한 후에 그대로 장수로 임용했다.

이론과 실제를 일치시켜라

유리한 계를 구상하여 이를 채택했다면, 채택한 계에 만족하지 말고 곧 이러한 계에 더해서 세를 만들어, 계가 가진 제한되고 고정된 영역에 그 외의 것을 돕는다. 세라는 것은 여러 상황에 따라 유리한 조건들을 만들어가면서 전장의 주도권을 장악하는 것이다.

計利以聽, 乃爲之勢, 以佐其外. 勢者, 因利而制權也.
계 리 이 청　　내 위 지 세　　이 좌 기 외　　세 자　　인 리 이 제 권 야

『손자병법』 전체를 통틀어 해석하기 어려운 부분 중 하나이다. 나의 수준을 측정하고 경쟁자와 비교하는 요소인 오사의 개념은 본질적으로 정적(靜的)이다. 그러니까 움직이지 않은 체크리스트이다. 적과 싸워 이기기 위해 구상하는 여러 가지 전략이나 계책도 책상 위에서 그려진 한낱 종잇조각에 불과하다. 그것만으로는 승리할 수 없다. 총소리 한 방이면 날아가기 때문이다. 이러한 계가 실제로 실전에서 힘을 발휘할 수 있도록 하는 것이 중요하다. 그래서 정적인 계를 동적으로 움직이는 세(勢)가 필요하다는 것이다.

세는 전장의 주도권을 잡아나가는 데 결정적인 역할을 한다. 세를 만드는 방법에는 여러 가지가 있다. 바로 뒤에 이어지는 속임수도 그중 하나이다. 유리한 세를 만들고 주도권을 잡기 위해 사용되는 속임수이기 때문이다. 본격적으로 세의 내용을 다루는 장은 제5편 '병세'이다.

因	利	而	制	權

속임수도 전략이다

전쟁에는 속이는 여러 가지 방법이 있다.

兵者, 詭道也.
병 자   궤 도 야

전쟁의 목적이 무엇인가? 싸워서 이기는 것이다. 전쟁이 시작되지 않았으면 몰라도 일단 시작되었다면 무조건 이겨야 한다. 그래야 더 큰 피해를 막을 수 있다. 지고 나면 여러 가지로 어렵다. 그런데 이기는 것은 마음먹는다고 되는 일이 아니다. 상대방도 의지가 있고 전략이 있기 때문이다. 그래서 필연적으로 상대방의 판단을 흐리게 하고, 엉뚱한 곳에 정신과 물질을 퍼붓게 하기 위한 여러 가지 속임수가 사용된다. 이기기 위해 전쟁에서 사용되는 속임수는 일정한 제약 안에서 군사기만이라는 명목으로 정당화된다. 그런데 사회생활에서 또는 기업활동에서 행해지는 속임수는 어떠한가? 공공연하게 행해지는 기상천외한 속임수, 꼼수, 사기가 세상을 어지럽히고 우리의 눈을 가리고 있다. 손자가 말하는 열네 가지의 속임수를 살펴보면서 온통 속이는 세상에서 절대로 속지 않도록 하자.

겉만 보고 판단하지 마라

그러므로 능하면서도 능하지 못한 것처럼 보이고, 쓰면서도 쓰지 못하는 것처럼 보이고, 가까이 있으면서도 멀리 있는 것처럼 보이고, 멀리 있으면서도 가까이 있는 것처럼 보인다.

故能而示之不能, 用而示之不用, 近而示之遠, 遠而示之近
고 능 이 시 지 불 능　　　용 이 시 지 불 용　　　근 이 시 지 원　　　원 이 시 지 근

능력이 있지만 능력이 없는 것처럼 보이는 것에 속지 말아야 한다. 사람을 평가할 때 겉만 보고 평가해서는 안 된다는 말이다. 바보라고 생각해서 이 말 저 말 다 했다가 나중에 중요한 기밀이 누설될 수 있고, 나의 약점이 노출되어 치명타를 받을 수 있다. 지금 속이고 있지만 속이지 않는 것처럼 교묘히 위장하는 것에 유의해야 한다. 요즘 세상을 어지럽히고 있는 보이스피싱이 그 예라고 할 수 있다. 누가 내게 파격적이고 특별한 제안을 하면 그 안에는 반드시 어떤 속임수가 있다는 것을 명심하고, 냉정하고 신중하게 대처해야 한다. 때로 경쟁자를 속이기 위해서 문제가 임박함에도 불구하고 아직 멀리 있는 것처럼 속일 수 있다. 시한이 멀었음에도 불구하고 임박한 것처럼 꾸밀 수 있다.

속지 마라. 절대로 속지 마라.

모든 상황을 유리하게 만들라

적이 이로움을 탐하면 이로움을 보여주어 꾀어내고, 적이 어지러우면 어지러움을 틈타서 취하고, 적이 충실하면 공격하지 말고 대비하고, 적이 강하면 피하고, 적이 기세가 등등하면 잠시 굽히고, 적이 낮추면 교만해지게 하고, 적이 편안하면 수고롭게 하고, 적이 친하면 갈라지게 한다.

利而誘之, 亂而取之, 實而備之, 强而避之, 怒而撓之, 卑而驕之, 佚而勞之,
이 이 유 지　　난 이 취 지　　실 이 비 지　　강 이 피 지　　노 이 요 지　　비 이 교 지　　일 이 로 지

親而離之
친 이 리 지

궤도(詭道)라고 해서 전부 속임수만 있는 것은 아니다. 유리하게 세를 조성하기 위한 각종 방법이 궤도이다. 적을 혼란시키고, 마음을 흔들어놓아 내게 유리한 환경을 조성하는 것이다. 열네 가지의 궤도 중에서 특별히 조심해야 할 것이 있다. 많은 사람이 여기서 걸려 넘어지기도 한다. 바로 이이유지(利而誘之)다. 미끼로 꾀는 것을 말한다. 특히 공직자들은 여기에 잘 걸린다. 명성을 쌓기는 어렵지만 무너지는 것은 한순간이다. 우리는 어떤 미끼에 잘 걸리는가? 이성의 유혹이다. 맥아더 장군 이래 가장 유능한 장군으로 불렸던 전 미국 중앙정보국(CIA) 국장 데이비드 퍼트레이어스는 자신의 자서전을 쓰기 위해 접근했던 폴라 브로드웰의 유혹에 걸려 인생을 종치고 말았다.

다음은 어떤 미끼인가? 돈의 유혹이다. 많은 사람들이 여기에 걸려 평생에 걸쳐 쌓은 명예를 한순간에 잿더미로 만들기도 한다. 페어플레이가 생명인 프로 스포츠 세계에서도 불미스런 승부조작이 사회를 들끓게 만들었다. 한탕주의와, 자신의 능력보다 더 많은 것을 얻으려고 할 때 이런 유혹에 쉽게 넘어간다. 궤도에서 한 가지 더 유념할 것이 있다. 경쟁자가 강하면 슬쩍 뒤로 빠지는 것도 좋은 방법이라는 것이다. 알량한 자존심을 지키려고 무리하게 버티거나 정면으로 맞붙게 되면 더 큰 손실을 입게 되고, 결국에는 자존심뿐만 아니라 전체를 잃게 된다. 궤도는 어떻게 하든지 적은 약화시키고 나는 강하게 만들어 전장의 주도권을 유리하게 만들어나가는 데 그 목적이 있다.

아차 하며 속지 마라

적이 방비하지 않는 곳을 공격하고, 적이 생각하지 않은 의표를 찌른다.

攻其無備, 出其不意.
공 기 무 비   출 기 불 의

궤도의 마지막 도착지가 여기다. 이것을 이루기 위해 그 많은 궤도
가 다양한 방법으로 사용된다. 부지런히 상대를 혼란시키고 헷갈리
게 만들어, 그로 인해 발생되는 허를 찌르는 것이다. 공기무비(攻其
無備)는 물리적인 빈 곳을 말한다. 출기불의(出其不意)는 정신적인
빈 곳을 말한다. 프랑스와 미국을 이겼던 베트남의 영웅 보구엔지
압 장군은 이것을 자신의 전략 기조로 삼았다.

　세상은 마치 속임수를 가득 심어놓은 지뢰밭과 같다. 조금만 헛
딛게 되면 다리를 잃든지, 아니면 몸 전체를 날려버릴 수 있다. 이런
세상을 살면서 우리가 속지 않을 수 있는 길이 있다면 내 안에 빈 곳
을 두지 않는 것이다. 물리적으로도, 정신적으로도 늘 무장을 해야
한다. 빈 곳이 발생하면 귀신같이 감지해서 바로 그곳을 노려 치기
때문에 궤도가 무서운 것이다. 공짜를 바라는 심리도 빈 곳이다. 세
상에는 공짜가 없다는 것을 잘 알고 공짜의 유혹에 넘어가지 않도록
한다. 그러면 궤도의 큰 지뢰밭은 피해갈 수 있을 것이다.

攻	其	無	備	出	其	不	意

반드시 성공할 확신이 있을 때 나서라

이것이 군사전략가가 승리하는 방법이니 사전에 미리 드러내거나 알려져서는 안된다. 전쟁을 하기 전에 미리 묘당에서 셈을 해보아 승리를 확신하게 되는 것은, 주도면밀하게 계를 준비하여 승리의 조건이 충분하기 때문이다. 전쟁을 하기 전에 묘당에서 셈을 해보아 승리가 불가능하게 되는 것은, 계가 부족하여 승리의 조건이 적기 때문이다. 계가 많으면 이기고, 계가 적으면 이기지 못하는데, 하물며 계가 없다면 어찌 되겠는가! 이것을 근거로 해서 잘 관찰하면 전쟁 전에 미리 승부를 알 수 있다.

此兵家之勝,不可先傳也.夫未戰而廟算勝者,得算多也.
차 병 가 지 승　　불 가 선 전 야　　부　　미 전 이 묘 산 승 자　　득 산 다 야

未戰而廟算不勝者,得算少也.
미 전 이 묘 산 불 승 자　　득 산 소 야

多算勝,少算不勝,而況於無算乎.吾以此觀之,勝負見矣.
다 산 승　　소 산 불 승　　이 황 어 무 산 호　　오 이 차 관 지　　승 부 견 의

多	算	勝

'시계'편의 마지막 부분이다. 묘당은 작전을 짜는 사령부이다. 옛날에는 이곳에서 산가지로 점을 쳐서 길흉을 알아봤고, 전쟁 여부를 결정하기도 했다. 전쟁을 할 것인가 말 것인가는 철저하게 계를 따져보고 결정해야 한다. 계는 오사(五事) 칠계(七計)의 요소와 열네 가지의 속임수[詭道]를 말한다. 도천지장법의 다섯 요소로 내 수준을 점검하고, 또다시 상대방과 일곱 가지 요소로 우위를 비교, 분석한다. 그리고 열네 가지의 각종 속임수로 내게 유리하게 상황을 조성한다. 이렇게 오사와 칠계와 궤도로 모두 계산해봤을 때 이길 확률이 높다고 판단되면 싸우러 나가도 좋다. 그러나 이길 확률이 적다고 판단되면 싸우러 나가서는 안 된다.

관습적으로 묘당에서 점을 치거나 감정적으로, 주먹구구식으로 전쟁을 결심했던 상황에서 이렇게 치밀하게 따져보고 신중하게 전쟁을 결심하도록 주문한 손무의 천재성을 엿볼 수 있다. 사업의 현장에서도 마찬가지다. 이러한 여러 계를 비즈니스 측면에서 비추어보아 성공할 확률이 많다고 판단되면 그때는 새로운 사업을 시작하도록 한다. 요행을 바라면서 전쟁이나 사업을 시작하지 말고 철저히 따져보고 반드시 성공할 수 있다고 확신할 때 결행하라는 것이 '시계'편의 핵심이다.

재빨리 승부를 보라

제2편 작전 作戰

문제는 돈이다 | 질질 끌지 마라 | 졸속, 빠르고 대담한 마무리

오래 싸우면 서로가 죽는다 | 비용 절감에 목숨을 걸어라

성과를 내려면 사기를 높여라 | 매일매일 성공하고 있다고 믿어라

시간 관리를 잘하는 사람이 성공한다

拙速 졸속

욕심에 차지 않지만 빨리 끝내라.

勝敵而益强 승적이익강

적에게 이길수록 더욱 강해지라.

문제는 돈이다

손자가말하되,무릇용병의법은10만명을일으키기위해서는말네마리가끄는전
투용·전차천대가있어야하고,무기와장비,식량과보급품을나르는보급차가천대
있어야하고,갑옷이천개있어야하고,천리까지식량을운반해야하고,내외의비
용과빈객의비용,활과화살등무기를제작하거나보수하는재료준비,수레와갑옷
을조달하는데이를계산하면매일천금이든다.

孫子曰,凡用兵之法,馳車千駟,革車千乘,帶甲十萬,千里饋糧,則內外之費,
손자왈　　범용병지법　치차천사　혁차천승　대갑십만　천리궤량　즉내외지비

賓客之用,膠漆之材,車甲之奉,日費千金,然後十萬之師擧矣.
빈객지용　교칠지재　차갑지봉　일비천금　연후십만지사거의

전쟁을 하려면 천문학적인 비용이 든다. 손자는 10만 명의 군사를 일으키려면 하루에 천금이 든다고 계산했다. 천금은 정확히 얼마를 뜻하기보다 그만큼 많은 돈이 든다는 것을 의미한다. 기업 경영에서도 조직이 클수록, 추진하고자 하는 사업이 클수록 그에 따른 비용이 많이 들어간다. 그러므로 전쟁이나 사업을 하기 위해서는 우선 돈이 있어야 한다.

질질 끌지 마라

전쟁을 함에 오래 끌면 병사는 무디어지고 날카로움은 꺾이며, 성을 공격하면 힘을 다하며, 군대를 밖에 보내 오랫동안 전쟁하게 하면 나라의 재정이 바닥나게 된다. 무릇 병사가 무디어지고 예리함이 꺾이며, 힘이 다하고 재정이 다하면, 주변에 있는 제후가 그 피폐해진 틈을 타서 일어나게 되리니, 그렇게 되면 아무리 지혜로운 사람이 있더라도 그 뒷일을 감당하지 못한다.

其用戰也, 勝久則鈍兵挫銳, 攻城則力屈, 久暴師則國用不足, 夫鈍兵挫銳,
기용전야   승구즉둔병좌예   공성즉역굴   구폭사즉국용부족   부둔병좌예
屈力殫貨, 則諸侯乘其弊而起, 雖有智者, 不能善其後矣.
굴력탄화   즉제후승기폐이기   수유지자   불능선기후의

전쟁을 오래 끌면 좋은 게 하나도 없다. 그만큼 돈도 많이 들어가고, 병사들의 사기도 꺾인다. 그 약해진 틈을 타서 이웃에서 공격하면 그대로 끝이다. 고객들의 불만사항 처리도 마찬가지다. 오래 끌지 말고 바로바로 답을 해주고, 원하는 제품이 있으면 최대한 빨리 공급해주어야 한다. 고객들은 기다리지 못하는 습성이 있다.

졸속, 빠르고 대담한 마무리

그러므로 전쟁에 그 솜씨가 매끄럽지 못하더라도 빨리 끝내야 함은 들었어도, 솜씨 있게 하면서 오래 끄는 것은 보지 못했다. 무릇 전쟁을 오래 끌어서는 나라에 이로울 것이 없나니, 그러므로 전쟁을 할 때의 해로움을 다 알지 못하면 전쟁을 할 때의 이로움을 다 알 수 없다.

故兵聞拙速, 未睹巧之久也. 夫兵久而國利者, 未之有也.
고 병 문 졸 속   미 도 교 지 구 야   부 병 구 이 국 리 자   미 지 유 야
故不盡知用兵之害者, 則不能盡知用兵之利也.
고 부 진 지 용 병 지 해 자   즉 불 능 진 지 용 병 지 리 야

졸속(拙速)은 '졸렬하지만 빠르게'라는 뜻이다. 겉으로 보기 좋게 하기 위해서, 솜씨를 맘껏 뽐내기 위해서 질질 끌다 보면 피해가 크고 망할 수 있다는 것이다. 그러므로 비록 겉으로 보기에는 매끄럽지 못하거나 좋지 않더라도 욕심을 버리고, 내가 원하는 목표에는 미치지 못하더라도 일찍 끝내라는 것이다. 일처리를 깔끔하게 하지 못하고 대충 끝내는 졸속 행정과는 그 의미가 다르다. 여기서 말하는 졸속은 더 큰 이익을 위해서 현재의 욕심을 버리고, 대담하게 끝내는 것이다. 사람들은 대체로 끝내기를 잘 못하는 경향이 있다. 끝낼 시점을 놓쳐 자신과 조직을 망치게 된다. 일이 잘 안 될 때는 비교적 끝내기가 쉽다. 그런데 일이 잘 풀릴 때는 끝내기가 어렵다. 욕심 때문이다. 현명한 사람은 끝낼 시점을 정확히 분별하며, 과감하게 행동으로 실천한다.

오래 싸우면 서로가 죽는다

용병을 잘하는 자는 거듭 징집을 하지 않도록 하고, 군량도 거듭 보내지 않으며, 전쟁 물품은 본국에서 취하여 쓰지만, 군량은 적의 것을 취하기 때문에 군량이 가히 넉넉할 수 있다. 나라가 군대 때문에 가난해지는 것은 군대가 멀리 나가 있으면 멀리까지 수송을 해야 하는 까닭이니, 멀리 수송을 하면 이를 재정적으로 뒷받침해야 하는 귀족들이 가난해지고, 군대 근처에 있는 물가는 치솟으며, 물가가 치솟으면 나라의 재정이 고갈되고, 재정이 고갈되면 부역을 가중하는 데 급해진다.

善用兵者, 役不再籍, 糧不三載, 取用於國, 因糧於敵, 故軍食可足也.
선 용 병 자   역 부 재 적   양 불 삼 재   취 용 어 국   인 량 어 적   고 군 식 가 족 야

國之貧於師者, 遠師者遠輸, 遠輸則百姓貧, 近師者貴賣, 貴賣則財竭,
국 지 빈 어 사 자   원 사 자 원 수   원 수 즉 백 성 빈   근 사 자 귀 매   귀 매 즉 재 갈

財竭則急於丘役.
재 갈 즉 급 어 구 역

전쟁을 할 때는 가급적 병사를 두 번 징집해서는 안 된다. 한 번에 끝 낼 수 있도록 재빨리 승부를 가려야 한다. 전쟁을 하면 물가가 치솟 는다. 사람들의 생계가 힘들어지고 나라도 피폐해진다. 전쟁은 모든 면에서 고통스러운 것이다. 사업도 마찬가지다. CEO는 마치 전쟁 의 지휘관처럼 오만가지 생각을 하면서 사업을 경영해야 한다.

비용 절감에 목숨을 걸어라

전장에 힘을 다 쓰면 안으로는 귀족들의 돈이 비게 되어, 귀족들의 재산은 열 가운데 일곱이 없어지며, 정부의 재정은 수레가 파괴되고 말이 피폐해지며 갑옷과 투구, 화살과 자동화살, 창과 대형 방패, 큰 소와 큰 수레 등의 징발로 열 가운데 여섯이 없어지게 될 것이다. 그러므로 지혜로운 장수는 적에게서 먹을 것을 구하는 데에 힘을 쓰니, 적에게서 식량 일종을 구하면 자국에서 가져오는 나의 이십 종에 해당되며, 말먹이 사료 일석은 나의 이십 석에 해당된다.

力屈中原, 內虛於家, 百姓之費十去其七.
<small>역 굴 중 원   내 허 어 가   백 성 지 비 십 거 기 칠</small>

公家之費, 破車罷馬, 甲冑弓弩, 戟楯矛櫓, 丘牛大車, 十去其六.
<small>공 가 지 비   파 차 피 마   갑 주 궁 노   극 순 모 로   구 우 대 차   십 거 기 육</small>

故智將務食於敵, 食敵一鍾, 當吾二十鍾, 芑秆一石, 當吾二十石.
<small>고 지 장 무 식 어 적   식 적 일 종   당 오 이 십 종   기 간 일 석   당 오 이 십 석</small>

전쟁을 하면 돈과 물자가 많이 들기 때문에 현명한 사람은 적의 것을 빼앗아 이를 충당하기도 한다. 그러나 이런 방법도 언젠가는 한계에 부딪치게 되고, 오히려 적의 백성으로부터 원망을 받아 전쟁을 수행하는 데 역효과를 낼 수 있다. 해외에서 기업을 할 때도 인건비 때문에 현지에서 사람을 고용해 일을 부릴 때가 많다. 좋은 방법이기도 하지만, 그 규모와 비용을 수시로 점검해서 손익 구조를 따져봐야 한다. 전쟁이나 사업이나 결국은 비용 절감에서 승패가 결정되기 때문이다.

務	食	於	敵

성과를 내려면 사기를 높여라

그러므로 적을 죽이는 것은 사기 또는 적개심으로 하고, 적에게 이득을 취하는 것은 재물로 한다.

故殺敵者, 怒也, 取敵之利者, 貨也.
고 살 적 자   노 야   취 적 지 리 자   화 야

전쟁을 오래 끌면 여러 가지 면에서 어려워지므로 빨리 끝내야 한다. 어떻게 하면 빨리 끝낼 수 있는가? 병사들이 열심히 싸워주기만 하면 가능하다. 그 방법이 무엇인가? 사기를 높이고, 적개심을 불러일으키는 것이다. 그리고 열심히 싸운 결과로 얻은 전리품에 대해서 푸짐하게 포상을 해주는 것이다. 그러면 물불 가리지 않고 싸우게 되고, 결과적으로 전쟁을 빨리 끝낼 수 있다.

회사 경영에도 이 원리가 적용된다. 직원의 사기를 높이고, 경쟁사와의 경쟁심리를 자극시키고, 열심히 일해 벌어들인 돈으로 성과급 잔치를 하는 것이다. 그러면 밤낮 가리지 않고 열심히 일하게 된다. 여기서 한 가지 알아야 할 것이 있다. 사기를 높이는 방법이 단지 돈을 많이 주는 것만이 아니라는 점이다. 물론 돈을 받으면 사기가 높아진다. 그러나 더 중요한 것이 있다. 사람에게는 누구나 인정받고 싶어 하는 욕구가 있다. 부하 직원을 인정하고, 그들을 하나의 조직체로 대하지 말고 진심으로 대할 때 사기는 그 내면에서부터 올라가는 것이다. 이것이 진짜 사기이다.

이익공유제라는 것이 있다. 다른 말로는 성과공유제다. 이익이 남으면 직원들과 함께 나눈다는 개념이다. KSS해운은 이익공유제를 도입해서 큰 성과를 거두고 있는 대표적인 회사다. 마치 주주의 배당처럼 직원들에게도 순이익의 일부를 나눠주고 있는 것이다. 이렇게 하면 직원들이 열심히 일을 할 수 밖에 없다. 이 회사는 실제로 이익공유제를 도입한 후에 영업이율이 연평균 10%에서 20%를 넘어섰다고 한다.

주인의식과 주인은 다르다. 주인의식은 주인이 아닌 사람이 가지는 의식이다. 주인은 그냥 주인이다. 자신이 주주가 되면 그냥 주인이 되는 것이다. 사람의 내면을 움직이는 힘은 본질적으로 이런 것에서 나온다. 화(貨)는 사람의 근본을 쥐고 있다. 겉으로는 안 그런 척해도 돈 앞에 흔들리지 않을 사람은 없다.

매일매일 성공하고 있다고 믿어라

그러므로 전차로 싸울 때는, 적의 전차 열 대를 빼앗으면 그것을 먼저 빼앗은 자에게
상을 주고, 빼앗은 전차의 깃발을 우리 깃발로 바꾸어 달고, 포로로 잡은 적을 우리 병
사와 함께 전차에 배치하며, 포로로 잡은 자들을 잘 대우해주면, 이를 일러 적을 이길
수록 더욱 강해진다고 하는 것이다.

故車戰 得車十乘以上, 賞其先得者, 而更其旌旗, 車雜而乘之, 卒善而養之,
고차전　　득차십승이상　　상기선득자　　이경기정기　　차잡이승지　　졸선이양지

是謂勝敵而益强
시위승적이익강

益强

68

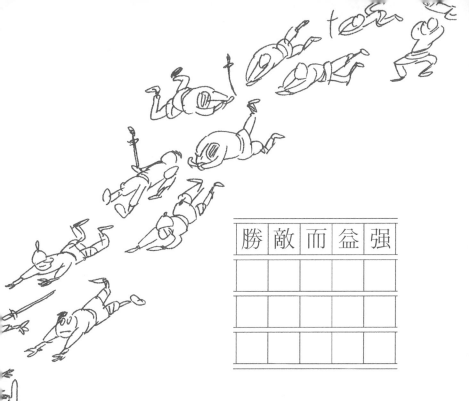

勝 敵 而 益 强

큰 성공을 한꺼번에 얻으려고 하면 쉽지 않다. 오히려 좌절감이 생겨 포기할 수 있다. 작은 성공을 맛보게 해서 성취감과 자신감을 가지게 한 뒤에 점차적으로 보다 높은 목표를 달성하도록 하는 것이 좋다. 성공의 습관이라는 것이 있다. 한 번 성공한 사람은 또 다른 성공을 성취할 가능성이 높다. 그래서 현명한 리더는 조직원이 수시로 작은 성공을 체험할 수 있도록 기회를 제공한다. 우리의 인생도 마찬가지다. 단 한 번의 큰 성공을 위해 인생을 도박하듯이 올인하지 말고 평소에 늘 작은 성공을 맛보는 삶이 좋다. 아니 하루하루의 삶이 늘 성공적이라고 스스로에게 주문을 거는 것도 나쁘지 않다. 행복과 불행은 결국 마음먹기에 달려 있기 때문이다.

시간 관리를 잘하는 사람이 성공한다

그러므로 전쟁이란 빨리 이기는 것을 귀하게 여기지, 오래 끄는 것을 귀하게 여기지 않는다. 이러한 전쟁의 속성을 잘 아는 장수는 민중의 생사를 관장하고 국가의 안위를 주재하는 자이다.

故兵貴勝, 不貴久. 故知兵之將, 民之司命, 國家安危之主也.
고 병 귀 승   불 귀 구   고 지 병 지 장   민 지 사 명   국 가 안 위 지 주 야

兵	貴	勝

'작전'편의 마지막 부분이다. 제2편의 결론은 어떤 이유에서든 전쟁을 오래 끌지 말고 빨리 끝내라는 것이다. 그렇게 하는 것이 백성을 보호하고 나라를 온전하게 지키는 길이다. 이것은 기업 경영에서도 마찬가지다. 승산이 적은 프로젝크를 가지고 그동안 퍼부은 돈이 아까워 버리지 못하고 질질 끌게 되면, 결국 회사도 망하고 나도 망한다. 이익이 발생하지 않는다면 미련 없이 끝내야 한다. 그것이 용기다. 또한 이익을 창출할 수 있는 확실한 분야가 있다면 재빨리 그 방향으로 가닥을 잡아야 한다. 그래야 자금 회전이 되어 다음 일을 계획할 수 있다. 다시 말하지만, 전쟁이나 사업이나 결국은 자금조달이 결정적이다.

"내가 만일 도표나 그림을 파워포인트로 만들려고 했다면 엄청난 시간을 낭비했을 것이다." 선마이크 시스템즈의 전 CEO 스콧 맥닐리가 한 말이다. 그는 파워포인트로 보고하는 것을 금지시킨 것으로 유명하다. 비록 화려하지는 않지만 손으로 대충 그린 그림으로도 충분히 이해할 수 있으며, 무엇보다도 시간을 다투는 촉박한 경쟁 상황에서 시간을 아낄 수 있다는 것이다. 보고서뿐만 아니라 복장이나 회의 준비 등 여러 가지 불필요한 요소를 과감히 줄이는 것도 돈이나 노력이나 시간을 아끼는 좋은 방법이다.

온전한 상태로 이겨라

제3편 모공謀攻

온전함과 깨어짐 | 싸우지 않고 굴복시키는 것이 부전승이다

성공하려면 전략을 알라 | 안 되는 줄 알면서도 밀어붙이는 바보들

누가 최고의 수준인가? | 무리수를 두지 마라 | 함께의 힘

내부에 정치꾼을 만들지 마라 | 내가 경쟁할 수 있는 상대인가?

현장의 실무자가 전략을 짜야 한다 | 아는 것은 힘이다

全國爲上 破國次之 전국위상 파국차지
나라를 온전히 하는 것이 가장 좋고 나라를 깨뜨리는 것이 그다음이다.

不戰而屈人之兵 善之善者 부전이굴인지병선지선자
싸우지 않고 적을 굴복시키는 것이 가장 좋은 것이다.

伐謀 伐交 伐兵 攻城 벌모 벌교 벌병 공성
꾀를 치고, 외교관계를 치고, 병력을 치고, 성을 공격한다.

知彼知己 百戰不殆 지피지기 백전불태
적을 알고 나를 알면 백번 싸워도 위태하지 않다.

온전함과 깨어짐

손자가 말하기를, 무릇 용병의 법은 나라를 온전하게 함을 가장 좋은 것으로 여기고, 나라를 파괴하는 것을 그다음으로 여기며, 군(12,500명 규모)을 온전하게 함을 가장 좋은 것으로 여기고, 군을 파괴하는 것을 그다음으로 여기며, 여(500명 규모)를 온전하게 함을 가장 좋은 것으로 여기고, 여를 파괴하는 것을 그다음으로 여기며, 졸(100명 규모)을 온전하게 함을 가장 좋은 것으로 여기고, 졸을 파괴하는 것을 그다음으로 여기며, 오(5명 규모)를 온전하게 함을 가장 좋은 것으로 여기고, 오를 파괴하는 것을 그다음으로 여긴다.

孫子曰, 凡用兵之法, 全國爲上, 破國次之, 全軍爲上, 破軍次之, 全旅爲上,
손자왈   범용병지법   전국위상   파국차지   전군위상   파군차지   전여위상

破旅次之, 全卒爲上, 破卒次之, 全伍爲上, 破伍次之
파여차지   전졸위상   파졸차지   전오위상   파오차지

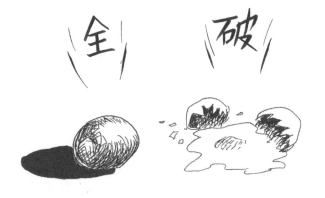

온전함[全]과 깨어짐[破]이 서로 대구(對句)를 이루며 나온다. 온전한 상태로 목적을 이루는 것이 좋고, 목적을 이루더라도 깨어지면 좋지 않다.

싸우지 않고 굴복시키는 것이 부전승이다

그러므로 백번 싸워서 백번 이기는 것이 가장 좋은 것이 아니고, 싸우지 않고도 적을 굴복시킬 수 있는 것이 가장 좋은 것이다.

是故百戰百勝, 非善之善者也, 不戰而屈人之兵, 善之善者也.
시 고 백 전 백 승   비 선 지 선 자 야   부 전 이 굴 인 지 병   선 지 선 자 야

그 유명한 부전승(不戰勝)이 여기에서 나온다. 본래 부전승이라는 말은 없다. 앞에 나오는 어구인 백전백승(百戰百勝)의 승(勝)에다 뒤에 이어지는 어구인 부전이굴인지병(不戰而屈人之兵)의 부전(不戰)이 합해져서 부전승(不戰勝)이라는 조어가 나온 것이다. 오늘날 중국어 사전에는 부전이승(不戰而勝)이라는 말로 나온다. 우리가 흔히 알고 있는 부전승은 경기 대진표를 짤 때 뽑기를 잘해서 경기를 치르지 않고 그 위 단계로 올라가는 것을 말한다. 그러나 부전승은 이런 경기 대진표의 경우와 확연히 다르다. 부전승은 싸움을 전제로 한다. 내가 막강한 힘을 가지고 있어 상대방이 나를 두려워하여 스스로 싸움을 포기할 때 부전승이 된다는 것이다. 그러니까 부전승은 그냥 운이 좋아서 건너뛰는 것이 아니라, 상대방이 나를 무서워해서 싸움을 포기하는 것을 말한다. 따라서 부전승이 가능하려면 상대방이 겁을 낼 정도로 내 힘이 막강해야 한다. 하지만 부전승이 실패할 경우를 대비해서 언제나 싸울 준비를 갖춰야 한다.

성공하려면 전략을 알라

그러므로 가장 좋은 병법은 적의 꾀를 치는 것이며, 그다음은 적의 동맹관계를 치는 것이며, 그다음은 적의 병력을 치는 것이며, 가장 하책은 성을 공격하는 것이다.

故上兵伐謀, 其次伐交, 其次伐兵, 其下攻城.
고 상 병 벌 모　　　기 차 벌 교　　　기 차 벌 병　　　기 하 공 성

謀	交	兵	城

꾀로 싸우는 네 가지 방법을 설명하고 있다. 가장 좋은 단계는 상대방의 생각을 꺾는 벌모이다. 내게 감히 덤빌 생각을 먹지 못하는 것이다. 내가 하는 말을 순순히 듣게 하는 것이다. 세상에 이보다 좋은 것이 있겠는가? 굳이 싸우지도 않고 내가 원하는 것을 얻을 수 있으니까 말이다. 그런데 이게 쉬운 일인가? 상대방도 생각이 있고 자신을 지킬 힘이 있는데, 어떻게 이런 벌모가 가능할까? 그것은 내가 상대방을 압도할 정도로 큰 힘을 가지고 있을 때 가능하다. 내가 막강한 재력을 가지고 있거나, 막강한 권력을 가지고 있거나, 막강한 전투력을 가지고 있을 때 말이다. 가장 좋은 단계인 벌모를 이루기 위해서는 이렇게 상대방을 압도할, 상대방에게 겁을 줄 만한 힘이 있어야 하는 것이다. 두 번째 단계는 상대방의 동맹관계를 꺾는 벌교이다. 주변국과의 연대관계를 제거해서 힘을 약화시키는 것이다. 여기서 가능하다면 상대방의 지지 세력들을 포섭해서 내 편으로 만든다면 더 좋다. 세 번째 단계는 병력을 동원해서 싸움을 벌이는 벌병이다. 이때부터 피를 흘리기 때문에 좋지 않다. 마지막 단계는 적의 성을 직접 공격하는 공성이다. 잘 준비된 진지에서 끝까지 저항하는 적을 향해 공격하는 것이기 때문에 피해가 크다. 가장 좋지 않는 최후의 방법이다. 벌모와 벌교의 단계까지는 실질적으로 피를 흘리지 않기 때문에 부전승이 가능하다. 현명한 리더라면 벌모, 벌교 단계에서 목적을 달성할 수 있도록 승부를 걸어야 한다.

안 되는 줄 알면서도 밀어붙이는 바보들

성을 공격하는 법은 부득이할 때 하는 것이니, 노를 준비하고, 기구를 갖추는 데 3개월이 지나야 이루어지며, 사다리를 완성하는 데도 3개월이 지나야 한다. 장수가 자신의 분노를 이기지 못해서 사졸을 개미처럼 성에 붙어 올라가게 하여 그 3분의 1을 죽이고도 성을 빼앗지 못하면 이는 공격의 재앙이 된다.

攻城之法, 爲不得已, 修櫓轒輼, 具器械 三月而後成 距堙, 又三月而後已.
공 성 지 법   위 부 득 이   수 로 분 온   구 기 계   삼 월 이 후 성   거 인   우 삼 월 이 후 이

將不勝其忿而蟻附之, 殺士卒三分之一, 而城不拔者, 此攻之災也.
장 불 승 기 분 이 의 부 지   살 사 졸 삼 분 지 일   이 성 불 발 자   차 공 지 재 야

마지막 단계인 공성의 어려움을 말하고 있다. 공성을 위해서는 사전에 많은 준비가 필요하다. 성을 공격할 기구가 있어야 하고, 공성을 위해 특별한 훈련도 필요하다. 그러고도 막상 공성을 하면 수많은 사람들이 죽게 된다. 그래서 공성은 최후의 방법으로, 어쩔 수 없을 때[爲不得已] 하는 것이다. 벌모, 벌교, 벌병에 실패해서 공성까지 몰고 가는 리더는 최악이라고 할 수 있다. 안 되는 줄 알면서도 밀어붙이는 바보 때문에 회사도 망하고 나도 덩달아 망한다.

누가 최고의 수준인가?

그러므로 용병을 잘하는 자는 적의 군사를 굴복시키되 싸우지 않고, 적의 성을 점령하되 공격하지 않고, 적의 나라를 훼손시키되 오래하지 않으니, 반드시 온전함으로써 천하에서 승리를 다투기 때문에, 군사를 둔하게 하지 않으면서도 이익을 온전하게 할 수 있으니, 이것을 두고 모공의 법이라 한다.

故善用兵者, 屈人之兵而非戰也, 拔人之城而非攻也, 毁人之國而非久也,
고 선 용 병 자　　　굴 인 지 병 이 비 전 야　　　발 인 지 성 이 비 공 야　　　훼 인 지 국 이 비 구 야

必以全爭於天下, 故兵不鈍而利可全, 此謀攻之法也.
필 이 전 쟁 어 천 하　　　고 병 부 둔 이 리 가 전　　　차 모 공 지 법 야

꾀를 써서 온전한 상태로 목적을 이룰 수 있다면 가장 좋다. 이것을 두고 모공의 법이라고 부른다. 어떻게 해야 온전하게 목적을 이룰 수 있을까? 처음부터 문제의 소지를 없애는 것이다. 민원이 발생할 소지를 두지 않는다거나, 경쟁자가 시비를 걸 여지를 남기지 않는 것이다. 최고의 검객은 칼을 뽑지 않고 문제를 해결한다.

화타는 중국 후한 말기에 살았던 전설적인 명의다. 『삼국지』를 보면 관우가 오른팔에 독화살을 맞았을 때 화타가 치료해주는 장면이 나온다. 관우는 살을 가르고 뼈를 긁는 동안 태연하게 마량과 바둑을 두었다고 한다. 이런 화타에게는 두 명의 형이 있었는데, 둘 다 의사였다. 화타는 언제나 두 형을 자신보다 더 훌륭한 의사라고 치켜세웠는데, 그 이유는 이렇다. 큰형은 사람의 안색만 보고 미리 병의 낌새를 알아차려 병으로 진행되기 전에 예방조치를 취했다. 작은형은 병색이 겉으로 드러났을 때 적절하게 처방해주어 더 큰 병으로 진행되지 않도록 했다. 화타는 말했다. "나는 병이 깊이 진행되어 죽을 지경에 이르렀을 때 비로소 병을 고쳐주어 죽는 병도 고친다는 명성을 얻었다. 과연 셋 중에 누가 진정 실력 있고 훌륭한 의사인가?" 굳이 그 순서를 매긴다면 큰형, 작은형, 그리고 화타일 것이다. 최고의 수준은 이렇게 문제의 소지를 처음부터 없애는 것이다. 이를 볼 때 세상에 널리 알려진 사람이라고 해서 반드시 그 수준이 높다고 속단해서는 안 된다. 세상에는 숨어 있는 고수가 많다. 대체로 진정한 고수들은 세상에 이름이 알려지는 것을 싫어한다.

무리수를 두지 마라

그러므로 용병하는 법은 열 배이면 완전히 포위하고, 다섯 배이면 사방에서 공격하고, 두 배이면 일방적으로 싸우고, 대등하면 적을 가능한 분산시키고, 적으면 가능한 지키고, 적보다 못하면 가능한 피한다. 그러므로 적보다 적은데도 고집스럽게 버티려 한다면, 많은 병력의 적에게 포로가 된다.

故用兵之法, 十則圍之, 五則攻之, 倍則戰之, 敵則能分之, 少則能守之,
고 용 병 지 법　　　십 즉 위 지　　　오 즉 공 지　　배 즉 전 지　　　적 즉 능 분 지　　소 즉 능 수 지
不若則能避之, 故少敵之堅, 大敵之擒也.
불 약 즉 능 피 지　　　고 소 적 지 견　　대 적 지 금 야

상대방과 병력의 수를 비교해서 어떻게 싸우는 것이 현명한가를 보여준다. 숫자가 적을 때는 절대로 고집을 부리며 무리수를 두지 말라고 강조하는 내용을 기업 경영에 응용해보면 이렇다. CEO가 어떤 혁신적인 안건을 냈다고 하자. 이에 대한 지지가 반대보다 열 배 많으면 과감하게 밀어붙인다. 지지가 반대보다 다섯 배 많으면 자연스럽게 진행한다. 지지가 반대보다 두 배 많으면 반대를 분산시켜야 한다. 지지와 반대가 같으면 이길 수 있는 싸움을 택해야 한다. 지지가 반대보다 적으면 대결을 피해야 한다. 반대가 절대적으로 많음에도 불구하고 무리수를 두면 잘못될 수 있으니, 그때는 근본적으로 다시 생각해야 한다.

함께의 힘

무릇 장수는 나라의 보목(輔木)과 같으니 보목이 주밀하면 나라가 반드시 강해지고, 보목에 틈이 있으면 나라가 반드시 약해진다.

夫將者, 國之輔也, 輔周則國必强, 輔隙則國必弱.
부장자   국지보야   보주즉국필강   보극즉국필약

보목은 수레바퀴의 축을 지지하는 덧방나무를 말한다. 제대로 밀착되어 있으면 수레가 달려도 안전하지만, 그 사이에 틈이 있으면 언젠가는 수레바퀴가 빠져나간다. 이와 같이 경영자와 그를 도와주는 참모진들이 틈이 없이 하나가 될 때 힘을 발휘하게 되고 조직이 강해진다.

내부에 정치꾼을 만들지 마라

그러므로 군주가 군에 대해 근심을 끼치는 일이 세 가지 있으니, 군이 나아가서는 안 됨을 알지 못해 나아가게 하고, 군이 물러나서는 안 됨을 알지 못해 물러나게 하는 것이니, 이를 일러 군을 속박한다고 한다. 군대의 일을 알지 못하면서 군대의 행정에 간여하면 군대가 미혹된다. 군대의 전장에서의 임기응변적인 작전을 알지 못하면서 군대의 작전에 간여하면 군대가 의심을 갖게 된다. 군대가 이미 미혹되고 또한 의심을 갖게 되면, 그틈을 타서 주변 열국의 제후들이 쳐들어올 것이니 이를 일러 스스로 군을 어지럽게 하여 승리를 잃는다고 한다.

故君之所以患於軍者三, 不知軍之不可以進而謂之進,
고 군 지 소 이 환 어 군 자 삼　　　부 지 군 지 불 가 이 진 이 위 지 진

不知軍之不可以退而謂之退, 是謂縻軍.
부 지 군 지 불 가 이 퇴 이 위 지 퇴　　　시 위 미 군

不知三軍之事, 而同三軍之政, 則軍士惑矣.
부 지 삼 군 지 사　　이 동 삼 군 지 정　　즉 군 사 혹 의

不知三軍之權, 而同三軍之任, 則軍士疑矣.
부 지 삼 군 지 권　　이 동 삼 군 지 임　　즉 군 사 의 의

三軍旣惑且疑, 則諸侯之難至矣, 是謂亂軍引勝.
삼 군 기 혹 차 의　　즉 제 후 지 난 지 의　　시 위 난 군 인 승

가장 영향력 있는 세계 50대 경영사상가로 선정된 헨리 민츠버그는 "맨 꼭대기에 앉아서 명령만 내리려고 하지 말라"고 경고했다. 해당 분야에 대한 전문 지식은 없으면서 단지 직책이 높다는 이유로 실무자의 일에 사사건건 간섭을 하면 그 조직은 망하게 된다. 현장은 현장 책임자에게 맡겨야 한다. 누구보다도 현지 사정을 잘 알고 있고, 일차적인 책임을 지는 사람이기 때문이다. 회사 내에 정치꾼들이 설치면 경영의 위계질서를 파괴한다.

내가 경쟁할 수 있는 상대인가?

그러므로 승리를 미리 알 수 있는 다섯 가지가 있다. 더불어 싸울 수 있는지 싸우면 안되는지를 알면 이길 수 있고,

故知勝有五. 知可以與戰不可以與戰者勝,
고 지 승 유 오   지 가 이 여 전 불 가 이 여 전 자 승

知	勝	有	五

미리 승패 여부를 알 방법이 있다. 첫째는 대세 판단이다. 싸울 상대인가 아닌가를 아는 것이다. 이것보다 중요한 것은 없다. 반드시 이길 수 있는 적과 싸워야 한다. 잠자는 사자를 건드리는 일이 있어서는 안 된다. 이를 위해서 사전에 면밀하게 승산(勝算) 판단을 하는 것이다. CEO는 경쟁 상대를 잘 살펴야 한다. 과연 내가 상대할 만한 경쟁사인가 아닌가를 보는 것이다. 사업에서는 할 일과 하지 말아야 할 일을 구분해서 아는 것이 중요하다.

현장의 실무자가 전략을 짜야 한다

병력이 많고 적음에 따라 적절히 잘 쓸 수 있다면 이길 수 있고, 위와 아래가 하고자 하는 것이 같다면 이길 수 있고, 미리 예측하여 준비함으로써 그렇지 못하는 적을 기다리면 이길 수 있고, 장수가 능력이 있되 군주가 간섭하지 않으면 이길 수 있다. 이 다섯 가지는 승리를 미리 알 수 있는 방법이다.

識衆寡之用者勝, 上下同欲者勝, 以虞待不虞者勝, 將能而君不御者勝,
　식 중 과 지 용 자 승　　　　상 하 동 욕 자 승　　　　이 우 대 불 우 자 승　　　　장 능 이 군 불 어 자 승

此五者, 知勝之道也.
　차 오 자　　　지 승 지 도 야

上	下	同	欲	者	勝

일선에서 뛰는 실무진이 유능하고 윗선에서 간섭을 하지 않으면 이긴다고 하는 마지막 다섯 번째는 오늘날 지속되는 글로벌 위기에 새로운 해법을 제시한다. 어지간한 회사에 하나 정도는 편성되어 있는, 듣기에도 그럴듯한 '전략기획실'에서 나오는 전략으로는 오늘날의 위기를 헤쳐나갈 수 없다. 전략기획실에서는 이른바 머리 좋은 사람들이 모여서 끙끙대며 전략을 만들어낸다. 그러나 그 전략은 만들어진 전략, 의도된 전략, 틀에 박힌 전략이다. 현장에 대한 감각이 없는 이런 전략으로는 절대로 위기를 돌파할 수 없다.

전략경영의 대가인 캐나다 맥길 대학교의 민츠버그 교수는 오늘날 경영자들이 실패하는 주된 이유로 현장학습의 결여를 꼽는다. 현장 일을 제대로 모르면서 책상에 앉아 간섭하고 지시만 한다는 것이다. 그는 우발적(emergent) 전략을 주창했는데, 기존의 의도된 (intended) 전략과 반대되는 개념이다. 우발적 전략은 한마디로 현장에 있는 실무자가 주체가 되는 전략이다. 실무자의 의견을 존중하고, 현장에서 보고 느끼는 것을 중시하며, 이를 경영자와 전 사원들이 학습하고, 체계적인 전략경영 시스템을 구축하는 것으로 요약할 수 있다. 100년 이상 된 장수 기업들은 모두 현장에 있는 실무자가 제안한 아이디어로 성장했다고 분석한다. 회사가 나아가야 할 큰 방향은 최고경영자가 정하되, 수시로 변하는 현장 환경에 따라 전략의 방향도 물 흐르듯이 변해야 한다. 바로 이런 점을 손자는 이미 2,500년 전에 꿰뚫어본 것이다.

아는 것은 힘이다

그러므로 적을 알고 나를 알면 백번 싸워도 위태롭지 않고, 적을 알지 못하고 나를 알면 승리의 확률은 반이며, 적을 알지 못하고 나도 알지 못하면 싸울 때마다 반드시 위태롭다.

故曰, 知彼知己, 百戰不殆.
고왈   지피지기   백전불태

不知彼而知己, 一勝一負, 不知彼不知己, 每戰必殆.
부지피이지기   일승일부   부지피부지기   매전필태

知	彼	知	己	百	戰	不	殆

'지피지기 백전불태'라는 『손자병법』의 대표적인 명구가 나온다. 흔히 얘기하는 '지피지기 백전백승'이 아니다. 적과 나를 아는 지식 정도는 단지 위태하지 않을 수준이라는 것이다. 적과 나를 아는 지식만으로 백 번 싸워 백 번 이길 수는 없다. 이기기 위해서는 아는 것에 더해 더 많은 것들이 요구된다. 그래서 이 명구가 제3 '모공'편에 나온다. 이기기 위해서는 제4 '군형'편을 위시해서 마지막 제13 '용간'편까지의 모든 전략이 필요하다. 그리고 앞에서 제시한 승리를 미리 아는 다섯 가지 요소와도 연관되어 있다. 이 다섯 가지를 측정 요소로 삼아 적과 나의 사정을 잘 아는 것이 승리와 연관된다는 뜻이다. 꾀로써 공격하기 위해서는 적에 대한 지식, 나 자신에 대한 지식이 절대적으로 중요하다.

그런데 여기서 손자는 하나의 경우를 착안하지 못했다. 그것은 바로 '적은 알지만 나를 모를 때[知彼而不知己]'이다. 어쩌면 이런 경우가 가장 위험할지 모른다. 상대방은 잘 알고 있지만 정작 자신에 대해서 잘 모를 때 우리는 많은 실수를 하게 된다. 상대방을 함부로 판단하고 비방하고 과소평가해서 자만심에 빠지기도 한다. '그노티 세아우톤(Gnothi Seauton)', 고대 그리스 델포이의 아폴론 신전 기둥에 새겨진 말이다. 소크라테스가 이 말을 인용해서 "너 자신을 알라"고 설파했다. 이 말은 무슨 뜻인가? 너 자신이 '아무것도 모르고 있다는 것'을 알라는 말이다. 슈미트 구글 회장은 경영자에게 가장 필요한 것으로 "자신을 정확히 아는 것"이라고 말했다.

이겨놓고 싸우라

제4편 군형軍形

先爲不可勝 선위불가승

먼저 적이 이길 수 없도록 만든다.

自保而全勝 자보이전승

나를 보호하고 온전하게 이긴다.

無奇勝 無智名 無勇功 무기승 무지명 무용공

기이한 승리도 지혜로운 명성도 용감하다는 공적도 없다.

立於不敗之 입어불패지지

지지 않을 태세에 서라.

先勝而後求戰 선승이후구전

먼저 이겨놓고 싸운다.

이기는 것보다 중요한 것은
지지 않는 것이다

손자가 말하기를, 옛날에 전쟁을 잘하는 자는 먼저 적이 이길 수 없도록 한 다음에 적을 이길 수 있는 기회를 기다렸으니, 적이 이길 수 없도록 하는 것은 나에게 달려 있고, 내가 적을 이길 수 있음은 적에게 달려 있다.

孫子曰, 昔之善戰者, 先爲不可勝, 以待敵之可勝. 不可勝在己, 可勝在敵.
손 자 왈   석 지 선 전 자   선 위 불 가 승   이 대 적 지 가 승   불 가 승 재 기   가 승 재 적

"옛날에 전쟁을 잘하는 자는……"으로 시작하고 있다. 옛것으로부터 배운다는 뜻이다. 선인이나 다른 성공적인 조직으로부터 배우는 것은 매우 유익한 일이며, 또 현명한 일이다. 싸움에서 우선적으로 중요한 것은 적이 이기지 못할 태세, 즉 내가 먼저 지지 않을 태세를 갖추는 것이다. 온전함을 우선으로 하겠다는 의지다. 그런 다음에 적에게 이길 기회를 찾는 것이다. 이러한 순서가 매우 중요하다. 승리의 기회는 적으로부터 나온다. 적이 실수할 때를 기다리는 것이다. 경쟁은 결국 누가 실수를 적게 하느냐에 그 승패가 달려 있다.

94

先	爲	不	可	勝

不可勝

실수하기를 기다려라

그러므로 전쟁을 잘하는 자는 적이 나를 이길 수 없도록 할 수는 있어도, 적으로 하여
금 반드시 내가 이길 수 있도록 할 수는 없다. 그러므로 승리할 수 있는지 여부는 알 수
있지만, 억지로 내 뜻대로 그렇게 만들 수는 없다고 했다.

故善戰者, 能爲不可勝, 不能使敵之必可勝. 故曰, 勝可知, 而不可爲.
고 선 전 자   능 위 불 가 승   불 능 사 적 지 필 가 승   고 왈   승 가 지   이 불 가 위

96

勝可知

적이 실수하기를 기다리지만 그게 내 마음대로 되는 것은 아니다.

그것은 적에게 달려 있기 때문이다.

공격과 방어의 시기

이길수없는적을만나면방어위주로나가고,이길수있는적을만나면공격위주로
나간다.내가방어로나간다는것은적의병력이충분히있기때문이요,내가공격으
로나간다는것은적의병력이부족하기때문이다.

不可勝者,守也,可勝者,攻也,守則有餘,攻則不足.
불가승자   수야   가승자   공야   수즉유여   공즉부족

언제 공격을 하고, 언제 방어를 할 것인가를 말해준다. 병력이 충분
하여 내가 이길 수 있다고 판단되면 공격을 하고, 병력이 부족하여
내가 이길 수 없다고 판단되면 방어를 하는 것이 좋다. 오늘날의 기
준으로 보면 대체로 공격하는 측은 방어하는 측보다 세 배의 병력을
가지고 있어야 승리할 가능성이 높다. 기업의 경우 자원이 부족할
때는 현상 유지를 하고, 자원이 남아돌 때는 과감하게 혁신을 하는
것이 바람직하다.

나를 보존하는 방법

잘지키는자는깊은땅아래에숨으며,잘공격하는자는높은하늘위에서움직이니,
그러므로스스로를보존하여온전히승리를거둘수있다.

善守者,藏於九地之下,善攻者,動於九天之上,故能自保而全勝也.
선수자　　장어구지지하　　선공자　　동어구천지상　　고능자보이전승야

땅속 깊숙이 숨어 있으면 아무도 공격할 수 없다. 하늘 위에서 아래
를 훤히 내려다보면서 공격하면 안전하다. 방어와 공격을 이렇게
한다면 나를 보존하면서 온전한 승리를 거둘 수 있다. 이를 나타내
는 '자보이전승(自保而全勝)'은 매우 중요한 손자의 명구다.

하수는 박수를 좋아한다

승리를 볼 때 많은 사람들이 알 정도에 불과하다면 최선의 것이 아니며, 싸움에서 이기되 천하가 잘했다고 할 정도면 최선의 것이 아니다. 그러므로 가을 갈이하는 가벼운 털을 들었다고 해서 힘이 세다고 하지 않고, 해와 달을 봤다고 해서 눈이 밝다고 하지 않고, 천둥소리를 들었다고 해서 귀가 밝다고 하지 않는다. 옛날에 이른바 잘 싸우는 자는 쉽게 이기는 데서 이기는 자이다.

見勝不過衆人之所知, 非善之善者也, 戰勝而天下曰善, 非善之善者也.
견승불과중인지소지   비선지선자야   전승이천하왈선   비선지선자야

故擧秋毫不爲多力, 見日月不爲明目, 聞雷霆不爲聰耳.
고거추호불위다력   견일월불위명목   문뇌정불위총이

古之所謂善戰者, 勝於易勝者也.
고지소위선전자   승어이승자야

易勝

최고 수준의 승리가 어떤 것인지를 말해준다. 사람들이 알고 박수를 칠 정도면 가장 좋은 것이 아니다. 서로 실력이 엇비슷할 때 아슬아슬하게 싸우는 모습을 보고 박수를 치기 때문이다. 정말 잘 싸우는 사람의 싸움은 싱겁게 끝난다. 왜냐하면 워낙 실력이 뛰어나서 슬쩍 건드리기만 해도 넘어가기 때문이다. 그래서 박수가 있을 수 없다. 하수들이 싸울 때 소리도 많고 구경꾼들에게 박수도 많이 받는 것이다. 잘 싸우는 자는 쉽게 싸운다. 아니 쉽게 싸우는 것처럼 보인다. 워낙 실력이 뛰어나기 때문에 쉬워 보이는 것이다.

무술 영화에서 고수들의 싸움을 보라. 절대로 화려한 승부를 걸지 않는다. 오히려 겁먹은 모습으로 자신을 위장한다. 좀처럼 칼을 뽑지 않는다. 그러다가 결정적인 순간에 칼을 뽑아 눈깜짝할 사이에 상대방을 베어버린다. 이것이 진짜 실력자의 모습이다. 너무나 순간적으로 일어나기 때문에 박수가 있을 수 없다. 고수는 박수를 좋아하지 않는다. 승부의 세계에서 그저 이기기만 하면 되기 때문이다. 하수로 갈수록 사람들의 박수를 의식한다. 잊지 말자. 승부의 세계에서 박수는 독약이다. 박수를 좋아하다가 망한다. 그러므로 열심히 책을 읽어야 한다. 열심히 배워야 한다.

그냥 이기기만 하라

그러므로 잘싸우는 자의 승리에는 기이한 승리도 없고, 지혜로운 명성도 없으며, 용맹스러운 공도 없다.

故善戰者之勝也, 無奇勝, 無智名, 無勇功.
고 선 전 자 지 승 야　　　무 기 승　　　무 지 명　　　무 용 공

소리 소문 없이 이기는 승리가 최고의 승리다. 박수가 없어도 '그저' 이기면 되는 것이다. 그럴듯한 소문만 잔뜩 나고 내면적으로는 지게 되면 아무 소용이 없다.

이겨놓고 싸우라

그러므로그싸움에이김이어긋나지않으니,어긋나지않는다는것은그조치한바
가반드시이기는데에있어서이미패한적과싸워이기는것이다.그러므로잘싸우
는자는패하지않을곳에서서적이패할때를놓치지않는다.이런까닭에,이기는
군대는먼저이기고난이후에싸움을구하고,지는군대는먼저싸우고난이후에이
기기를구한다.

故其戰勝不忒,不忒者,其所措勝,勝已敗者也.
고기전승불특 불특자 기소조승 승이패자야

故善戰者,立於不敗之地,而不失敵之敗也.
고선전자 입어불패지지 이불실적지패야

是故,勝兵先勝而後求戰,敗兵先戰而後求勝.
시고 승병선승이후구전 패병선전이후구승

先	勝	求	戰

先勝

"먼저 이기고 난 이후에 싸움을 구한다"는 유명한 어구 '선승이후
구전(先勝而後求戰)'이 여기서 나온다. 잘 싸우는 자는 싸움을 하기
전에 이미 승부를 가른다. 상대방과 비교해 월등하게 실력 차이가
나면 이것이 가능하다.

머리를 맞대고 논의하라

용병을 잘하는 자는 도를 닦고 법을 보존하니, 그러므로 능히 승패의 주체가 될 수 있다. 기본법칙은 첫째는 면적의 계측이요, 둘째는 자원의 양이요, 셋째는 군사의 수요, 넷째는 전력의 비교요, 다섯째는 승리의 예측이다. 지형이 넓이를 좌우하고, 넓이가 인적·물적자원의 양을 좌우하고, 자원의 양이 군사의 수를 좌우하고, 군사의 수가 전력비교를 좌우하고, 전력비교가 승리예측을 좌우하게 된다.

善用兵者, 修道而保法, 故能爲勝敗正.
선용병자   수도이보법   고능위승패정

法, 一曰度, 二曰量, 三曰數, 四曰稱, 五曰勝.
법   일왈도   이왈량   삼왈수   사왈칭   오왈승

地生度, 度生量, 量生數, 數生稱, 稱生勝.
지생도   도생량   양생수   수생칭   칭생승

『손자병법』에서 해석하기 어려운 어구들 중 하나이다. 이 내용을 기업을 경영하는 입장에서 어떻게 응용할 수 있을까? 경영을 할 때는 다섯 가지의 논의가 필요하다. 첫째, 현재 당면한 문제가 무엇인지 논의한다. 둘째, 실적 통계에 대해 논의한다. 셋째, 해결해야 할 우선순위에 대해 논의한다. 넷째, 필요한 변화가 무엇인지 논의한다. 다섯째, 새로운 목표에 대해 논의한다. 절대로 주먹구구식 수완을 발휘하거나, 그저 마음이 내키는 대로 일을 해서는 안 된다. 치밀하게 따져보고 성공할 것인가를 예측한 후에 일을 시작해야 한다. 그래서 혼자의 생각이 아닌 여러 사람의 의견을 듣기도 하고, 시장조사를 하면서 사업의 미래를 예측해야 한다.

稱	生	勝

위대한 기업에서 행복한 기업으로

그러므로 승리하는 군대는 마치 576배나 무거운 일(鎰)로써 1에 해당하는 수(銖)를 상대하는 것과 같고, 패하는 군대는 1에 해당하는 수(銖)로써 그보다 576배나 무거운 일(鎰)을 상대하는 것과 같다.

故勝兵若以鎰稱銖, 敗兵若以銖稱鎰.
고 승 병 약 이 일 칭 수   패 병 약 이 수 칭 일

576배나 무거운 중량으로 눌러버리면 꼼짝달싹도 못하고 지게 되어 있다. 그만큼 큰 차이가 나는 실력과 역량을 갖출 때 쉽게 이길 수 있다. 잘 싸우는 사람은 힘들이지 않고 이기는 사람이다. 경영을 하는 기업가는 좋은 것을 더 좋은 것으로 바꾸려고 노력해야 한다. '좋은 기업을 넘어 위대한 기업으로(Good to Great)'라는 슬로건이 있지 않은가? 실패하는 기업을 보면 더 좋은 것을 바라지 않고 그저 적당히 좋은 것에 만족한다. 조직원들이 신이 나서 열심히 자신의 일을 하면 위대한 기업으로 갈 수 있다. 아니 이제는 위대한 기업을 넘어서 행복한 기업으로 가야 한다. 자포스의 CEO 토니 셰이는 "결국에는 행복한 기업이 돈을 번다"고 말했다. 그가 추구하는 것은 이익을 많이 남기는 것이 아니라, 모두가 행복한 회사 문화를 만드는 것이다. 그러면 돈은 저절로 따라온다는 것이다. 관점과 가치관의 변화다. 우리에게 행복이라는 가치는 다른 어떤 가치보다 576배나 무거운 귀중한 삶의 가치라고 할 수 있다.

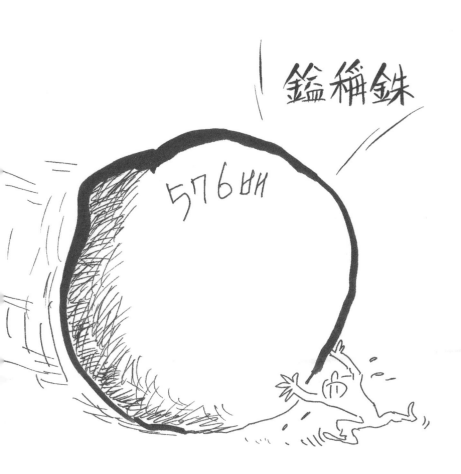

鎰稱銖

576배

확실하게 성공할 준비를 하라

헤아려보건대 군사를 이끌고 승리하는 자의 싸움은, 막아둔 물을 천길 계곡으로 떨어 뜨리는 태세를 만드는 것이다.

稱勝者之戰民也, 若決積水於千仞之谿者, 形也.
칭 승 자 지 전 민 야   약 결 적 수 어 천 인 지 계 자   형 야

위치에너지(potential energy)를 생각해보자. 위치에너지는 물체가 어떤 특정한 위치에서 잠재적으로 지니고 있는 에너지를 말한다. 예를 들면, 지구의 지표로부터 어떤 높이에 있는 물체가 지표에 대하여 갖는 위치에너지는 질량, 높이, 중력 가속도의 곱으로 나타낸다. 만약에 천 길이나 되는 높이에 물을 가득 담아두었다고 하자. '길'은 본디 '사람의 키 정도'를 가리키는 길이 단위를 뜻하는 단어인데, 대략 1미터라고 해도 천 길은 1킬로미터나 된다. 그러니 그 까마득한 높이에 있는 위치에너지는 가히 상상을 초월한다. 그만큼 압도적인 힘의 격차를 가지고 상대방과 싸우라는 것이다. 그렇게 되면 '이승(易勝)', 즉 쉽게 승리를 얻을 수 있다. 손자는 끊임없이 쉬운 승리를 하라고 말한다. 어렵게 싸우고, 힘들게 싸우고, 피가 튀고, 피눈물을 자아내게 하는 그런 싸움은 하지 말라고 한다. 제4편 '군형'의 마지막은 이런 어구로 끝을 맺는다. 단, 주의할 것은 군형의 역할은 천 길 계곡 위에 모아둔 엄청난 물까지다. 이 물이 터져서 그 아래로 힘차게 쏟아져 내릴 때의 기세는 다음 편인 '병세(兵勢)'에서 다루게 된다. 형(形)은 움직임이 없는 정(靜)이요, 세(勢)는 움직이는 동(動)이다.

기세로 밀어붙여라

제5편 병세兵勢

팀 구성을 잘하라 | 숫돌로 알깨기 | 아이디어로 승부하라

섞고 뒤집고 흔들어보면 뭔가 나온다 | 타이밍을 놓치면 소용없다

신나게 일하라 | 미끼에 걸리지 마라 | 때로는 위기도 필요하다

최고의 해결책은 사람이다

以正合 以奇勝 이정합 이기승
정으로 합하고 기로 승리한다.

其勢險 其節短 기세험 기절단
기세는 험하게 절도는 짧게 한다.

求之於勢 不責於人 구지어세 불책어인
세에서 구하지 사람에게 구하지 않는다.

擇人而任勢 택인이임세
사람을 택하여 세를 맡긴다.

팀 구성을 잘하라

손자가 말하기를, 무릇 많은 사람을 다스림이 적은 사람을 다스림과 같음은 조직 편성에 달려 있다. 많은 사람을 싸우게 하기를 적은 사람을 싸우게 함과 같음은 지휘통제수단에 달려 있다.

孫子曰, 凡治衆如治寡, 分數是也, 鬪衆如鬪寡, 形名是也.
손 자 왈 범 치 중 여 치 과   분 수 시 야   투 중 여 투 과   형 명 시 야

分數

112

일하는 기세를 높이기 위해서는 우선적으로 조직을 잘 편성해야 한다. 군대로 말하면 부대 편성을 잘하는 것이다. 부대 편성은 임무에 맞도록 부대를 가르는 것이다. 대대 단위와 중대 단위, 그리고 소대 단위와 분대 단위로 가르면 부대 관리도 쉬워지고, 임무도 효율적으로 달성할 수 있다. 회사도 마찬가지다. 인원수에 따라, 또는 주어진 임무의 성격에 따라 사람들을 가른다. 어떤 특별한 임무가 있을 때는 그 임무에 맞도록 팀을 별도로 구성한다. 이른바 테스크포스(task force)이다. 대체로 조직 편성은 단순할수록 좋다.

링겔만의 법칙은 조직이 커지면 노는 사람이 그만큼 더 생긴다는 것이다. 자기가 굳이 일을 하지 않아도 다른 사람들 때문에 조직이 잘 굴러간다고 생각하게 된다. 이런 이유로 조직은 가급적이면 단순화하는 것이 좋다. 조직을 잘 편성했으면 그다음에 해야 할 일은 정해진 지휘통제 방법에 따라 일사불란하게 움직이도록 하는 것이다. 돌격하는 나팔소리가 있고, 후퇴하는 나팔소리가 있다. 귀로 듣는 신호 규정이 있고, 눈으로 보는 신호 규정이 있다. 이런 것이 필요한 이유는 모두가 정해진 규칙에 따라 하나같이 움직이도록 하기 위함이다. 그래야 행동에 머뭇거림이 없이 한꺼번에 행동하여 기세가 나온다. 회사에서는 나름대로의 행동 규정을 잘 만들어 조직원이 그에 따라 일사불란하게 행동하도록 한다.

숫돌로 알깨기

군대의무리로하여금적의공격을받아도패하지않게할수있는것은기와정에달려있다.군대가적을공격함이마치숫돌로알을깨뜨리듯쉽게하는것은허와실에달려있다.

三軍之衆, 可使畢受敵而無敗者, 奇正是也.
삼 군 지 중　　　가 사 필 수 적 이 무 패 자　　　기 정 시 야

兵之所加, 如以碬投卵者, 虛實是也.
병 지 소 가　　　여 이 하 투 란 자　　　허 실 시 야

기정(奇正)과 허실(虛實)에 대한 이야기이다. 기정은 곧 설명될 것이고, 허실은 제6편이 '허실'이기 때문에 거기서 자세히 다룰 것이다. 기정과 허실의 원리를 잘 알면 기세가 최대로 발휘되어 일을 쉽게 이룰 수 있다. 마치 숫돌로 알을 깨는 것과 같다. 그러나 기정과 허실의 원리를 잘 모르고 일을 하면 계란으로 바위를 치는 격이 된다.

아이디어로 승부하라

무릇 전쟁이란 정(正力, 正兵, 正法, 원칙 등)으로 대치하여, 기(奇計, 奇兵, 변칙과 임기응변
등)로써 승리하는 것이다.

凡戰者, 以正合, 以奇勝.
범 전 자   이 정 합   이 기 승

以	正	合	以	奇	勝

적과 마주 대할 때는 준비된 전투력으로 한다. 그러나 승리하기 위해서는 변칙적인 방법을 이용한다. 여기서 정(正)과 기(奇)는 여러 가지 의미로 설명할 수 있다. 정이란 기본이 되는 바탕을 말한다. 전쟁을 위해서 준비하는 유형자산인 병력, 전차, 군함, 항공기 등과 눈에 보이지는 않지만 중요한 무형자산인 훈련, 교육, 기술 등이 대표적인 정이다. 규정, 원칙, 교리 역시 정이라고 볼 수 있다. 기업으로 말하면, 유형자산은 자본이나 인력, 무형자산은 조직원의 자질, 노하우, 특허, 인맥 등이다. 이런 것들이 잘 준비되어야 근본적으로 힘이 있다. 그러므로 경쟁을 할 때는 일차적으로 이러한 정으로 마주한다.

기(奇)는 변칙적인 어떤 행동, 아이디어나 창의성이다. 잘 준비된 정을 기반으로, 다양한 기를 창출해서 승리를 획득하는 것이다. 정상적인 부대로 정면공격을 하는 것은 정이고, 특공대를 편성해서 몰래 뒤로 돌아 적의 허를 치는 것은 기다. 중요한 점은 정이 충분히 뒷받침되지 않으면 이러한 기의 역할도 한계가 있다는 것이다. 전방부대가 무너지면 특공대는 아무 소용 없는 것과 같은 이치다. 물론 특출한 기의 결과로 좋은 효과를 얻을 수도 있겠지만 대체로 오래가지 못한다. 그러므로 군대나 기업에서는 근본적으로 정의 힘을 키우기 위해 일차적으로 노력해야 하고, 쉬지 말고 창의적 아이디어를 창출하기 위해 힘써야 한다.

섞고 뒤집고 흔들어보면 뭔가 나온다

그러므로 기를 잘 쓰는 자는 끝없음이 천지와 같고, 마르지 않음이 강과 바다와 같고, 끝나면 다시 시작하니 해와 달이 이것이고, 죽으면 다시 사니 사시가 이것이다. 소리는 다섯 [궁, 상, 각, 치, 우]에 불과하나 다섯 소리의 변화를 다 들을 수 없고, 색은 다섯 [적, 청, 황, 백, 흑]에 불과하나 다섯 색의 변화를 다 볼 수는 없으며, 맛은 다섯 [감(甘, 단맛), 산(酸, 신맛), 함(鹹, 짠맛), 신(辛, 매운맛), 고(苦, 쓴맛)]에 불과하나 다섯 맛의 변화를 다 볼 수는 없다. 전세도 기정 두 가지에 불과하지만 기정의 변화를 다 알 수 없다. 기정은 순환하여 서로 낳는 것이 마치 고리가 끝이 없음과 같으니, 누가 다 알 수 있겠는가?

故善出奇者,無窮如天地,不竭如江海,終而復始,日月是也,死而復生,
고 선 출 기 자   무 궁 여 천 지   불 갈 여 강 해   종 이 부 시   일 월 시 야   사 이 복 생

四時是也. 聲不過五, 五聲之變不可勝聽也.
사 시 시 야   성 불 과 오   오 성 지 변 불 가 승 청 야

色不過五, 五色之變不可勝觀也. 味不過五, 五味之變不可勝嘗也.
색 불 과 오   오 색 지 변 불 가 승 관 야   미 불 과 오   오 미 지 변 불 가 승 상 야

戰勢不過奇正, 奇正之變不可勝窮也. 奇正環相生, 如環之無端孰能窮之哉.
전 세 불 과 기 정   기 정 지 변 불 가 승 궁 야   기 정 환 상 생   여 환 지 무 단   숙 능 궁 지 재

기(奇)는 아이디어다. 새로운 것이다. 창의적인 것이다. 돌발적인 발상이다. 그러니 한계가 있겠는가? 기를 만들기 위해서는 남의 것을 베껴보기도 하고, 모든 것을 부정해보기도 하고, 처음부터 다시 시작해보기도 한다. 기를 잘하는 사람이 무한경쟁의 시대에서 이길 수 있는 개혁과 혁신과 변화를 주도할 수 있다. 대체로 인간 행동의

奇	正	相	生

원리나 일의 원리는 몇 가지밖에 없다. 그 원리를 여러 가지 방법으로 섞고, 뒤집고, 흔들어보면 전혀 새로운 것들이 나올 수 있다.

타이밍을 놓치면 소용없다

세차게 흐르는 물이 돌을 떠내려가게 하는 데까지 이르는 것이 기세요, 사나운 새가 공격을 해서 먹이의 뼈를 꺾는 것이 절도이다. 그러므로 잘 싸우는 자는 그 세가 험하고, 그 절이 짧으니, 세는 마치 꽉 잡아당긴 활과 같고, 절은 그 활을 쏘는 것과 같다.

激水之疾,至於漂石者,勢也.鷙鳥之擊,至於毀折者,節也.
격수지질　지어표석자　세야　지조지격　지어훼절자　절야

是故善戰者,其勢險,其節短,勢如彍弩,節如發機.
시고선전자　기세험　기절단　세여확노　절여발기

其	勢	險	其	節	短

기세가 강하면 박힌 돌도 떠내려가게 할 수 있다. 기세는 등등할수록 좋고, 절도가 있으면 더더욱 좋다. 검도 선수가 하는 짚단 베기를 연상하면 이해하기 쉽다. 성공적으로 짚단을 베기 위해서는 빠른 속도와 절묘한 타이밍이 요구된다. 유능한 경영자는 매사에 타이밍을 잘 분별하고, 그 기회를 놓치지 않는다. 짐 콜린스는 타이밍의 중요성에 대해 이렇게 말했다. "실패한 결정 열 가지 중 여덟 가지는 판단을 잘못해서가 아니라 제때 결정을 못 내렸기 때문이다."

경영자는 타이밍의 귀재가 되어야 한다. 촉각을 세우고 그 때를 놓쳐서는 안 된다. 언제 연설을 해야 할지, 언제 회의를 하고 끝내야 할지, 언제 투자를 해야 할지, 언제 조직원을 칭찬해야 할지, 언제 혼을 내야 할지. 이러한 타이밍을 정확히 잡는 사람이 유능한 경영자이다. 그래야 조직원들도 신이 나서 열심히 일한다. 신이 난다는 것은 기세가 높다는 말이다. 경영자의 주된 관심은 어떻게 하면 조직원들의 기세를 높이느냐에 있어야 한다. 아침에 눈을 뜨면 회사에 가고 싶어 안달이 나도록 해야 한다. 일이 좋아서 미칠 정도가 되도록 해야 한다. 자기가 해야 할 일만 생각해도 가슴이 벌렁거려야 한다. 이렇게 되도록 만드는 사람이 바로 CEO이다.

신나게 일하라

전쟁을 잘하는 자는 어지럽게 엉클어져 혼란스럽게 싸우지만 그 내면에는 분수, 즉 부대 편성으로 잘 짜여 있으므로 실제로는 혼란시킬 수 없고, 뒤섞여 원형이 되어도 실제로는 패배시킬 수 없다. 어지럽게 보이게 할 수 있는 것은 실은 다스려짐에서 나오고, 겁이 많은 것처럼 보이게 할 수 있는 것은 실은 용기에서 나오고, 약하게 보이게 할 수 있는 것은 실은 강함에서 나온다. 질서와 혼란은 부대 편성의 문제요, 용기와 겁은 기세의 문제요, 강하고 약함은 배치된 형태의 문제다.

紛紛紜紜, 鬪亂而不可亂, 渾渾沌沌, 形圓而不可敗.
분분운운   투란이불가란   혼혼돈돈   형원이불가패
亂生於治, 怯生於勇, 弱生於强. 治亂, 數也, 勇怯, 勢也, 强弱, 形也.
난생어치   겁생어용   약생어강   치란   수야   용겁   세야   강약   형야

아무리 혼란스러운 상황이라도 조직이 잘 편성되어 있고, 사람들의 기세가 살아 있으면 문제될 것이 없다. 혼란 가운데서도 쉽게 질서를 찾을 수 있기 때문이다. 강한 사람만이 약하게 보일 수 있고, 강한 사람만이 져줄 수도 있는 것이다. 어린 아들의 기를 살려주기 위해 일부러 팔씨름에서 져주는 아빠의 모습이 그것이다. 강하지 않으면 져주고 싶어도 져줄 수 없다. 그래서 부대의 지휘관이나 기업의 경영자는 임무에 맞게 조직 편성을 잘하고, 열심히 일할 수 있는 조직의 풍토를 조성해주고, 적재적소에 사람을 잘 배치하는 일에 첫 번째로 관심을 가져야 한다.

미끼에 걸리지 마라

그러므로 적을 나의 의도에 따라 잘 움직이게 하는 자는 적을 움직이게 할 수 있는 어떤 형태를 보여주면 적이 반드시 따르게 되고, 작은 이익을 보여주면 적이 반드시 이를 취하게 된다. 이것으로 적을 움직이게 하고, 정예군사로 적이 달려들기를 기다린다.

故善動敵者, 形之, 敵必從之, 予之, 敵必取之, 以此動之, 以卒待之
고선동적자   형지   적필종지   예지   적필취지   이차동지   이졸대지

경쟁에 능숙한 사람은 상대방으로 하여금 이익을 미끼로 움직이게 하고, 함정을 파서 일격에 무너뜨릴 비장의 카드를 준비한다. 기업 현장에 이를 적용해보면, 기존 제품으로 이익을 얻도록 내버려두다가 신제품을 개발해서 새로운 시장에 먼저 들어가 유리한 위치를 차

지하는 것이다.

손빈병법의 저자인 손빈의 이야기는 유명하다. 위나라 혜왕은 방연을 발탁하여 대장군으로 임명했다. 혜왕은 손빈이 비범한 인재라는 말을 듣고 방연을 보내 손빈을 조정으로 불러들였다. 손빈과 방연은 같은 스승 밑에서 배웠던 동문이었다. 방연은 자기보다 더 능력이 뛰어난 손빈이 자기 자리를 차지할까봐 그가 몰래 제나라와 내통하고 있다는 허위 사실을 퍼뜨렸다. 노한 혜왕은 손빈의 무릎 슬개골을 빼내는 혹형을 가한 후 옥에 가뒀다. 마침 위나라에 와 있던 제나라 사신이 몰래 손빈을 빼내 제나라로 데려갔다. 제나라는 약 150년 전에 손무가 있었던 나라였다.

B.C 341년 위나라가 한나라를 공격하자 한나라는 제나라에게 구원을 요청했다. 이때 손빈은 전기 장군의 군사로 참전했는데 방연을 유인하여 마령에 이르게 했다. 손빈은 일부러 도망가는 척하면서 방연을 계속 따라오게 한 것이다. 방연은 이참에 손빈과 제나라 군대를 몽땅 섬멸할 생각으로 추격을 독촉했다. 날은 어두워졌고 길은 좁았다. 양쪽에는 여러 장애물로 가득했다. 길 가운데에 유독 큰 나무가 서 있는 것을 발견한 방연은 횃불을 들게 했다. 그 순간 사방에서 빗발치듯 화살이 날아와 방연은 죽고 말았다. 나무에는 "방연은 이 나무 밑에서 죽으리라"는 글이 쓰여 있었다. 손빈은 그의 조상 손무의 가르침대로 적에게 이익을 보여주어 반드시 따라오게 만든 것이다.

때로는 위기도 필요하다

그러므로 잘 싸우는 자는 승리를 세의 조성에서 구하지 사람에게서 구하지 않는다. 그러므로 능히 사람을 잘 택하여 세를 맡긴다. 세를 만든다는 것은 그 사람을 싸우게 함이 마치 나무와 돌을 굴리는 것처럼 하는 것이다. 나무와 돌의 성질을 보면, 안정된 데 두면 고요하고, 가파른 데 두면 움직이며, 모나면 정지하고, 둥글면 굴러가는 것이다.

故善戰者, 求之於勢, 不責於人. 故能擇人而任勢.
고 선 전 자   구 지 어 세   불 책 어 인   고 능 택 인 이 임 세

任勢者, 其戰人也, 如轉木石. 木石之性, 安則靜, 危則動, 方則止, 圓則行.
임 세 자   기 전 인 야   여 전 목 석   목 석 지 성   안 즉 정   위 즉 동   방 즉 지   원 즉 행

擇	人	而	任	勢

개인보다는 조직 전체에서 조성되는 기세가 중요하다. 이를 위해서는 먼저 사람을 택하여 그가 가장 잘할 수 있는 곳에 배치한다. 그리고 그의 모든 능력을 발휘할 수밖에 없는 풍토를 조성한다. 돌과 나무는 모나면 움직이지 않고 둥글면 움직이는 성질이 있다. 사람을 적재적소에 배치한다는 것은 바로 이런 모양을 만드는 것이다. 그러면 신이 나서 저절로 움직이게 된다. 돌과 나무는 놓여 있는 바탕이 평지처럼 되어 있으면 가만히 머물러 있고, 비탈길처럼 기울어져 있으면 저절로 굴러 내린다. 이와 같이 조직의 풍토를 마치 비탈길처럼 기울어지게 해야 한다. 바로 위기의식을 조장한다는 말이다. 사람은 편안히 있으면 게을러지고, 위기의식을 느끼지 못하면 자신의 능력을 전부 발휘하지 않는 못된 속성이 있다. 그러므로 현명한 경영자는 가끔씩 의도적인 위기 상황을 조성하곤 한다. 위기라고 해서 무조건 나쁜 것은 아니다. 위기는 사람들이 현실에 만족하고, 도전할 마음을 갖지 않으며, 안일함에 젖어 있을 때 정신을 차리게 해준다. 그래서 위기는 또 다른 기회가 될 수 있다. 2등, 3등이 1등이 될 수 있는 기회는 평상시에는 거의 불가능하다. 위기라는 지각변동이 일어날 때 비로소 가능해진다.

최고의 해결책은 사람이다

그러므로 잘싸우는 자의 세는 마치 둥근돌을 천 길 산에서 굴러 내리게 하는 것과 같
으니, 그것이 세다.

故善戰人之勢, 如轉圓石於千仞之山者, 勢也.
고 선 전 인 지 세   여 전 원 석 어 천 인 지 산 자   세 야

둥근 돌의 의미는 사람을 그가 가장 능력을 발휘할 수 있는 곳에 배치
한다는 적재적소의 의미다. 천 길이나 되는 산의 의미는 조직에 그만
큼 위태한 모양, 위기의식을 조성한다는 것이다. 둥근 돌을 천 길 위
에서 굴려보라. 얼마나 세차게 굴러 내릴까. 바로 이런 세찬 기세를
만들어 경쟁자를 무너뜨리며, 공격적인 사업을 경영한다는 것이다.

미국 스탠퍼드 대학교의 경영학 교수이자 세계적인 인력관리학
자인 제프리 페퍼는 사람의 중요성에 대해 이렇게 언급했다. "근본
적으로 기업이 가지고 있는 기술적 우위는 오래가지 않는다. 오직 사
람을 통한 경쟁우위만이 기업을 지속적으로 지켜준다." 결국 기술보
다는 사람이라는 것이다. 그리고 투자에 대해서도 이렇게 말했다.
"일하고 싶은 100대 기업을 골라서 상위권에 오른 기업에 투자를
하면 절대로 실패할 일이 없을 것이다." 누구나 일하고 싶은 직장이
라면 믿을 수 있는 기업이기 때문이다. 기세는 사람을 중요시하는
곳, 저절로 일하고 싶게 만드는 곳에서 극대화된다.

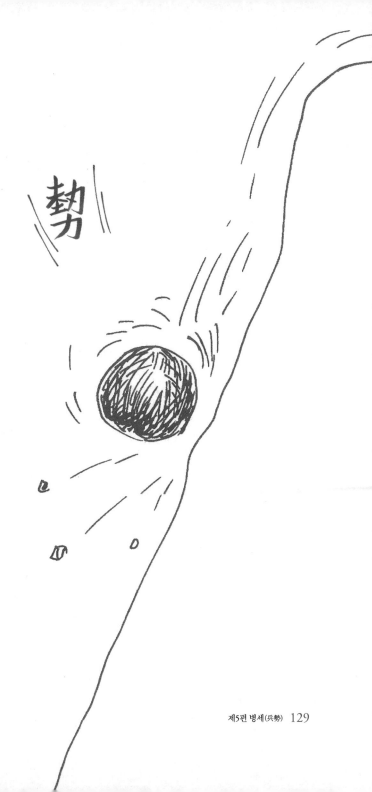

주도권을 잡아라

제6편 허실虛實

致人而不致於人 치인이불치어인

적을 끌고 가되 내가 끌려가지 않는다.

攻其所必救 공기소필구

반드시 적이 구해야 할 급소를 공격하라.

形人而我無形 형인이아무형

적은 드러나게 하고 나는 안 보이게 하라.

我專而敵分 아전이적분

나는 오로지 집중하고 적은 분산시켜라.

敵雖衆 可使無鬪 적수중 가사무투

적이 비록 많다고 해도 가히 싸우지 못하게 만든다.

戰勝不復 전승불복

전쟁의 승리한 방법을 두 번 반복하지 마라.

兵形象水 병형상수

군대의 형태는 물을 닮는다.

避實而擊虛 피실이격허

실을 피하고 허를 치라.

먼저 생각하고 먼저 행동하라

손자가 말하기를, 무릇 먼저 싸움터에 가서 적을 기다리는 자는 편안하고, 뒤늦게 싸움터로 달려가서 급하게 싸움을 하는 자는 피곤하다. 그러므로 잘 싸우는 자는 적을 내 의지대로 이끌되 내가 적에 의해 이끌림을 당하지 않는다.

孫子曰, 凡先處戰地而待敵者佚, 後處戰地而趨戰者勞.
손 자 왈　　　 범 선 처 전 지 이 대 적 자 일　　　 후 처 전 지 이 추 전 자 로

故善戰者, 致人而不致於人.
고 선 전 자　　 치 인 이 불 치 어 인

致	人	而	不	致	於	人

성공하는 사람의 특징을 보면, 남보다 먼저 생각하고, 먼저 행동에 옮긴다. 먼저 생각하고 먼저 행동하라. 이보다 중요한 성공자의 언어가 있을까? 전쟁을 할 때도 유리한 장소를 먼저 생각하고 적보다 먼저 선점하면 여러 가지로 좋다. 편안하게 있으면서 충분히 싸울 준비를 할 수 있고, 여유 있게 기다리면서 허겁지겁 달려오는 적을 맞이하니 쉽게 이길 수 있는 것이다. 또 다른 성공하는 사람의 특징은, 사람이나 환경에 지배당하지 않고 오히려 그것을 지배하는 것이다.

세상 사람들은 크게 두 부류로 나눌 수 있다. 앞에서 끄는 사람, 뒤에서 끌려오는 사람. 성공하는 사람은 언제나 앞에서 끌어왔다. 불리한 환경이나 힘들게 하는 사람을 구실로 삼지 않고, 오히려 내가 그것을 주도적으로 끌고 가는 것이다. 마거릿 미드는 "헌신적 소수가 세상에 큰 변화를 가져온다"고 말했다. 변화의 5% 법칙이 있다. 변화가 이루어질 때는 전체의 5%가 그 역할을 감당한다는 것이다. 슈미트 구글 회장은 "실패를 두려워하지 않는 미친 사람들과 친하라"고 말했다. 끌려가는 데 익숙한 사람은 언제나 끌려가는 인생을 살게 된다. 그러면 성공할 수 없다. 공부도 주도적이어야 잘할 수 있다. 그래서 요즘에는 스스로 공부하는 자기 주도적 학습이라는 조어도 등장했다. 먼저 생각하고 먼저 행동하라. 그리고 주도적이 되어라. 잊지 말아야 할 성공자의 언어이다.

끌고 가라

능히 적을 내게로 오게 하려면 적이 내게 옴으로써 이로움이 있다는 것을 보여주어야 하고, 능히 적을 내게로 오지 못하게 하려면 적이 내게 옴으로써 해로움이 있다는 것을 보여주어야 한다. 그러므로 적이 편안하게 있으면 능히 피곤하게 하고, 배부르면 능히 주리게 하고, 움직이지 않으면 능히 움직이도록 하는 것은, 내가 나아가되 적이 반드시 급히 따라야만 하는 곳으로 가기 때문이다.

能使敵人自至者, 利之也. 能使敵人不得至者, 害之也.
능사적인자지자   이지야   능사적인부득지자   해지야

故敵佚能勞之, 飽能飢之, 安能動之, 出其必趨也.
고적일능로지   포능기지   안능동지   출기필추야

어떻게 하면 내가 상황이나 사람들을 끌고 갈 수 있는지를 보여준다. 주도적인 사람은 어떤 상황에서도 끌려가지 않고 끌고 간다.

최고의 경지는 무형이다

천리를 가도 내가 피곤하지 않는 것은 적이 없는 곳으로 가기 때문이며, 공격하여 반드시 취할 수 있는 것은 적이 지키지 않는 곳을 공격하기 때문이며, 내가 지키면 반드시 견고한 것은 적이 반드시 공격해오는 곳을 지키기 때문이다. 그러므로 공격을 잘하는 자는 적이 지켜야 할 곳을 알지 못하게 하고, 수비를 잘하는 자는 적이 공격할 곳을 알지 못하게 한다. 미묘하고 미묘하여 무형의 경지까지 이르고, 신묘하고 신묘하여 소리가 없는 지경까지 이르니, 그러므로 능히 적의 운명을 좌우하는 사람이 될 수 있다.

行千里而不勞者, 行於無人之地也. 攻而必取者, 攻其所不守也.
행 천 리 이 불 로 자   행 어 무 인 지 지 야   공 이 필 취 자   공 기 소 불 수 야

守而必固者, 守其所必攻也.
수 이 필 고 자   수 기 소 필 공 야

故善攻者, 敵不知其所守, 善守者, 敵不知其所攻.
고 선 공 자   적 부 지 기 소 수   선 수 자   적 부 지 기 소 공

微乎微乎, 至於無形, 神乎神乎, 至於無聲, 故能爲敵之司命.
미 호 미 호   지 어 무 형   신 호 신 호   지 어 무 성   고 능 위 적 지 사 명

가장 바람직한 형태는 무형(無形)이다. 내가 무형이 되면 어떻게 적이 알아보고 나를 공격할 수 있겠는가? 현실적으로 투명인간이 되지 않는 한 무형은 불가능하므로, 남에게 보이는 부분을 최소화하는 것이 좋다는 말이다. 세상을 살아가다 보면 자신을 너무 드러내어 손해 보는 경우가 적지 않다.

일의 핵심을 잡아라

내가 나아가되 적이 나를 막을 수 없는 것은 적의 허를 치기 때문이요, 내가 물러가되 적이 나를 쫓지 못하는 것은 내가 빨라서 적이 따라올 수 없기 때문이다. 그러므로 내가 싸우고자 하면, 적이 아무리 성루를 높이고 해자를 깊이 파도 어쩔 수 없이 나와 싸울 수밖에 없는 것은 적이 반드시 구해야만 하는 곳을 공격하기 때문이다. 내가 싸우고자 하지 않으면, 땅에 선만 긋고 지키더라도 적이 어쩔 수 없이 나와 싸우지 못하는 것은 적이 생각하는 바를 미리 어그러뜨리기 때문이다.

進而不可禦者, 衝其虛也, 退而不可追者, 速而不可及也.
진 이 불 가 어 자 충 기 허 야 퇴 이 불 가 추 자 속 이 불 가 급 야

故我欲戰, 敵雖高壘深溝, 不得不與我戰者, 攻其所必救也.
고 아 욕 전 적 수 고 루 심 구 부 득 불 여 아 전 자 공 기 소 필 구 야

我不欲戰, 雖劃地而守之, 敵不得與我戰者, 乖其所之也.
아 불 욕 전 수 획 지 이 수 지 적 부 득 여 아 전 자 괴 기 소 지 야

일을 잘하는 사람과 못하는 사람의 차이는 분명히 나타난다. 어떤 일을 맡겼을 때 그 일의 핵심을 정확히 잡는가를 보면 알 수 있다. 일을 못하는 사람은 엉뚱한 소리만 하고 주변만 빙빙 돈다. 밤새 일은 했지만 아침에 보면 제대로 건질 만한 내용이 하나도 없다. 반면에 일을 잘하는 사람은 짧은 시간 동안 일을 해도 그 성과가 바로 나타난다. 사실상 일의 핵심을 잘 잡는 것은 쉬운 일이 아니다. 그만큼 공부하고, 고민하고, 경험이 쌓여야 하는 것이다.

必救

攻	其	所	必	救

성공은 집중에 달려 있다

그러므로 적은 드러나게 하되 나는 드러나지 않으면, 나는 마음놓고 병력을 집중하고 적은 불안하여 여러 곳에 병력을 분산하게 된다. 나는 병력을 집중하여 하나가 되고, 적은 분산하여 열로 나누어지니, 이것은 열 배의 병력으로 하나를 공격하는 셈이 된다. 그렇게 되면 나는 수가 많고 적은 수가 적어지니, 많은 수로 적은 수를 공격할 수 있으면 내가 더불어 싸우는 상대는 쉬워진다.

故形人而我無形,則我專而敵分. 我專爲一, 敵分爲十, 是以十攻其一也.
고 형 인 이 아 무 형　　　즉 아 전 이 적 분　　아 전 위 일　　적 분 위 십　　　시 이 십 공 기 일 야

則我衆敵寡, 能以衆擊寡, 則吾之所與戰者約矣.
즉 아 중 적 과　　능 이 중 격 과　　즉 오 지 소 여 전 자 약 의

約矣

我	專	敵	分

138

적은 드러나게 하고 나는 드러나지 않게 하면 어느 곳에 집중해야 할지를 알게 된다. 성공하는 사람은 집중의 위력을 잘 알고 있다. 승산이 있다고 판단되면 자원을 집중할 줄 안다. 집중하되 과감하게 한다. 이순신 장군은 23번 내지 54번의 전투를 하는 동안 단 한 척의 배도 적에게 빼앗기지 않고 완벽하게 승리했다. 우리가 이순신 장군을 생각할 때 어려운 여건에서 용감하게 싸워 이긴 것으로 착각하기 쉽지만 오히려 그 반대이다.

이순신 장군은 『손자병법』에 능통한 싸움의 고수이다. 그는 절대로 힘들게 싸우지 않았다. 손자가 말한 이승(易勝), 즉 쉬운 승리를 위해 늘 애썼고, 또한 그렇게 싸워서 이겼다. 바로 집중의 원리를 이용했던 것이다. 이순신 장군은 특히 두 가지의 집중에 초점을 맞추었다. 첫 번째는 수적인 집중이다. 임진왜란 초기에 그는 곧바로 연합 함대를 구성했다. 그리하여 항상 일본군보다 수적으로 월등히 많은 배로 싸웠다. 사천해전에서는 26척으로 13척을 상대했다. 한산해전에서는 56척으로 73척을 상대했지만, 이때 일본 배는 36척만이 대선이었다. 장림포 해전에서는 166척으로 6척을 상대했다. 두 번째는 화력의 집중이다. 학익진은 화력의 집중이 얼마나 무서운지를 보여준다. 조선의 함대에만 구비되어 있던 각종 총통이 학익진을 이루어 한꺼번에 발사될 때면 그 위력은 가히 공포에 가까웠다. 이와 같이 성공하는 사람은 집중의 원리를 잘 알고, 과감하게 집중할 줄 안다. 집중을 잘하면 쉽게 승리를 거둘 수 있다.

집중 또 집중

내가적과더불어싸우게될곳을적이알수없으니,이것을알수없으면적이대비해
야할곳이많아지고,적이대비해야할곳이많아지면내가더불어싸울적은적어진
다.그러므로앞을방비하면뒤가적어지고,뒤를방비하면앞이적어지며,왼쪽을방
비하면오른쪽이적어지고,오른쪽을방비하면왼쪽이적어져,방비하지않는곳이
없게한다면병력이적어지지않는곳이없다.병력이적다는것은내가적을대비하
기때문이요,병력이많다는것은적으로하여금나를대비하게하기때문이다.

吾所與戰之地不可知,不可知,則敵所備者多,敵所備者多,
오 소 여 전 지 지 불 가 지　　불 가 지　　즉 적 소 비 자 다　　적 소 비 자 다

則吾所與戰者寡矣.
즉 오 소 여 전 자 과 야

故備前則後寡,備後則前寡,備左則右寡,備右則左寡,無所不備,
고 비 전 즉 후 과,　비 후 즉 전 과,　비 좌 즉 우 과,　비 우 즉 좌 과,　무 소 불 비,

則無所不寡.
즉 무 소 불 과

寡者,備人者也.衆者,使人備己者也.
과 자　비 인 자 야　중 자　사 인 비 기 자 야

어떤 상황에서도 내가 주도권을 잡아야 이길 수 있다. 따라서 경쟁자
가 어느 한곳에 집중하지 못하도록 해야 한다. 경쟁자로 하여금 모든
곳을 막아야 한다는 강박감을 가지게 하여 자원과 인력과 노력을 분
산하도록 만든다면 내가 쉽게 주도권을 잡을 수 있다.

승리의 관건은 집중이다

그러므로 싸울 곳을 알고 싸울 날을 알면 천리나 되는 먼 길을 가서라도 싸울 수 있지만, 싸울 곳을 모르고 싸울 날을 모르면 좌군이 우군을 구하지 못하고, 우군이 좌군을 구하지 못하며, 전위가 후위를 구하지 못하고, 후위가 전위를 구하지 못할 것이니, 하물며 서로간의 거리가 먼 경우는 수십 리나 되고, 가깝더라도 수리나 떨어져 있는 경우에 있어서랴!

故知戰之地, 知戰之日, 則可千里而戰. 不知戰地, 不知戰日, 則左不能救右,
고지전지지   지전지일   즉가천리이전   부지전지   부지전일   즉좌불능구우

右不能救左, 前不能救後, 後不能救前, 而況遠者數十里, 近者數里乎.
우불능구좌   전불능구후   후불능구전   이황원자수십리   근자수리호

싸울 장소와 싸울 시간을 미리 알 수만 있다면 무엇이 가능하겠는 가? 바로 집중이다. 다른 장소와 다른 시간에는 신경 쓸 필요가 없다. 오직 그 장소와 시간에만 집중해서 인력과 자원을 쏟아부으면 된다. 그러면 경쟁자보다 절대적인 우위를 달성해서 승리를 이끌어 낼 수 있다.

승리는 내가 만들어나간다

나의 생각으로 헤아려보건대, 월나라의 병력이 비록 많다고 해도 어찌 이기는 데 보탬이 되겠는가? 그러므로 승리는 만들 수 있다고 하였으니, 적이 비록 많다 하더라도 적으로 하여금 가히 싸우지 못하게 할 수 있다.

以吾度之,越人之兵雖多,亦奚益於勝哉.
이 오 도 지   월 인 지 병 수 다   역 해 익 어 승 재

故曰,勝可爲也.敵雖衆,可使無鬪.
고 왈   승 가 위 야   적 수 중   가 사 무 투

손자는 여기서 월나라 사람을 언급했다. 당시 손자가 머물고 있던 오나라는 초나라를 주적으로 오랫동안 싸우고 있었지만, 오나라의 남쪽에 있는 월나라도 경쟁의 대상이었다. 『손자병법』의 중요한 특징 중 하나가 바로 이 부분이다. 당면한 주적을 상대하면서도 항상 주변의 잠재적 적국을 고려한다는 것이다. 승리를 만들 수 있다는 말이 매우 주도적이다. 손자는 승리를 만드는 방법으로 경쟁자가 집중하지 못하도록 한다면 가능하다고 했다. 집중하지 못하면 한꺼번에 싸울 수 없으므로 많은 숫자도 소용이 없다는 것이다. 명량해전에서 이순신 장군은 좁은 울돌목을 전략적인 장소로 택했다. 아무리 일본군이 많아도 한꺼번에 덤비지 못하는 병목 같은 장소였기 때문이다. 현명한 리더는 제한된 자원을 가지고도 언제 어디에서 승부를 걸 것인지 잘 안다.

적의 숫자가 많아도 이겼던 명량해전을 조금 더 살펴볼 필요가 있다. 당시 이순신은 13척이었다. 그것도 당일에는 1척이 제대로 싸울 수 없어서 12척으로 싸웠다. 일본군은 133척, 실제로는 후속 제대까지 합치면 거의 300척이 넘었다. 숫자로 보면 절대로 이길 수 없는 상황이었다. 그래서 이순신 장군은 목이 좁은 울돌목을 택했다. 그리고 해전의 하루 전날에 장수들을 모아놓고 그 유명한 연설을 했다. "필사즉생(必死卽生) 필생즉사(必生卽死)" 반드시 죽기로 싸우면 살 수 있고 반드시 살고자 하면 죽는다!

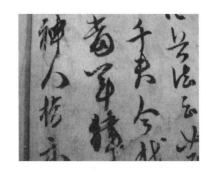

그런데 놀라운 역사적 사실이 있다. 1597년 9월 15일자 난중일기다. 연설을 한 그 날 밤 이순신의 꿈에 '신인(神人)'이 나타나서 "이렇게 하면 크게 이기고 저렇게 하면 진다."고 한 것이다. 7년의 난중일기에는 40번이나 꿈을 적어두었다. 중요하고 결정적인 순간에는 꿈을 통해서 미리 알았다. 신인의 등장은 급격하게 상황을 바꿔 버렸다. 분명히 이순신 장군은 이 꿈을 통해 어떤 위기와 불리한 상황에서도 승리를 확신했을 것이다. 승리의 확신! 리더가 갖는 승리의 확신은 매우 중요하다. 태도는 상황까지 바꿀 수 있기 때문이다. 결국 승리는 내가 만들어 나가는 것이다.

결정적인 순간에
경쟁자의 약점을 까발려라

그러므로 자세히 살펴보아 적의 계획이 얼마만큼 좋은지 나쁜지를 파악하고, 적을 움직이게 해서 적의 부대가 얼마만큼 규율이 서 있는지를 파악하고, 거짓 형세를 적에게 보여주어 그들의 대응하는 모습을 보고 그들이 살 수 있는 곳에 있는지 아니면 죽는 곳에 있는지를 파악하고, 적과 부딪쳐 적의 어느 곳이 여유가 있고 어느 곳이 부족한지를 안다.

故策之而知得失之計, 作之而知動靜之理, 形之而知死生之地,
고 책 지 이 지 득 실 지 계   작 지 이 지 동 정 지 리   형 지 이 지 사 생 지 지
角之而知有餘不足之處.
각 지 이 지 유 여 부 족 지 처

책(策), 작(作), 형(形), 각(角)의 네 가지 방법으로 경쟁자를 진단한다. 이 방법을 동원하면 경쟁자의 어느 곳, 어떤 것에 허점이 있고, 또 강점이 있는지를 파악하게 된다. 따라서 강점은 피하고 허점을 노리도록 한다. 경쟁의 세계에는 머리를 쓰는 전략가들이 많다. 쉽게 자신을 노출하지 않으므로 경쟁자의 약점을 잡아내기 위해 여러 가지 방법을 동원하는 것이다. 경쟁자의 약점을 찾아 집중적으로 공략하는 것은 어제나 오늘이나 흔히 사용하는 고전적인 방법이다.

손자병법은 일차적으로는 전쟁을 위한 책이지만 정치, 경제, 사회 전반에 걸쳐 적용되는 책이다. 오늘날 청문회를 보면 바로 책작형각 (策作形角)의 네 글자로 상대방의 약점을 캐내어 낙마시키는 경우를 볼 수 있다. 김대중 정부 때부터 박근혜 정부 때까지를 보면 대략 30 명이 낙마를 했다. 낙마 사유를 보면 부동산 투기, 위장전입, 논문표절, 세금탈루, 거짓해명 등이다. 조사하면 다 나온다.

털어서 먼지 안 나는 사람이 있을까? 책작형각의 병법으로 들이대면 적어도 어느 정도 위치에 오른 사람이라면 자유로울 사람이 얼마나 있을까?

나를 드러내지 마라

군대 형태의 극치는 어떤 특정한 형태가 없는 것에 이르게 하는 것이니, 형태가 없다면 우리 진영에 깊이 들어와 있는 간첩도 엿볼 수 없고, 비록 적에게 지혜가 있는 자가 있더라도 능히 꾀를 도모할 수 없다.

形兵之極, 至於無形. 無形, 則深間不能窺, 智者不能謀.
형병지극　지어무형　무형　즉심간불능규　지자불능모

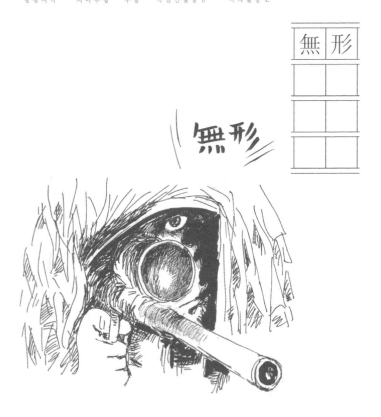

146

나의 형태를 드러내지 않으면 아무리 이것저것 동원해서 내 약점을 캐내려 해도 쉽게 알아낼 수 없다. 경쟁의 세계에서는 가급적이면 나를 드러내지 않는 것이 현명하다. 나를 드러내면 대체로 이익보다는 손해 보는 일이 더 많다. 경쟁의 세계란 본질적으로 남이 잘되거나 잘난 꼴을 보지 못하는 못된 속성이 있다. 여전히 사촌이 땅을 사면 배가 아픈 것이다. 잠시 나를 드러내어 박수를 받고 주목을 끈다고 해도 자신이 생각한 것보다 오래가지 않는다. 사람의 기억이라는 것은 그리 대단하지 않다. 조금만 지나면 언제 그랬느냐는 듯이 다 잊어버린다. 세상은 나 하나에 관심을 두지 않기 때문이다. 그러니 굳이 나를 노출하여 잠시 관심을 끌려고 애를 쓸 이유가 없다. 진짜 무서운 사람은 말이 없고, 자신을 드러내지 않으면서도 할 일은 다하는 사람이다.

『도덕경』에 보면 "높아지려고 하면 낮추고, 앞으로 가려고 하면 뒤로 물러나라"는 말이 있다. 현명한 처세술을 보여준다. 도광양회(韜光養晦)라는 말이 있다. 빛을 감추고 어둠 속에서 실력을 기른다는 뜻이다. 중국 사람들이 가지고 있는 대표적인 처세술이 바로 도광양회이다. 확실하게 승부를 걸 정도로 준비가 되지 않으면 섣불리 앞에 나서지도, 이름을 바깥에 알리지도 않는 것이다. 조금만 튀어나오고 조금만 잘난 체하면 곧바로 뒤에서 도끼질을 당하는 세상이다. 손자의 무형(無形)이나 도광양회는 이런 긴장된 세상을 살아가는 우리에게 좋은 처세술이 될 것이다.

중요한 것은 눈에 보이지 않는다

적의 드러난 형태에 따라 사람들 앞에서 승리를 거두어도 사람들은 어떻게 해서 승리를 거두었는지 알지 못한다. 사람들은 내가 승리한 겉모양은 알 수 있을지라도 승리를 만든 그 속모양은 알지 못한다.

因形而措勝於衆, 衆不能知. 人皆知我所勝之形, 而莫知吾所以制勝之形.
인 형 이 조 승 어 중   중 불 능 지   인 개 지 아 소 승 지 형   이 막 지 오 소 이 제 승 지 형

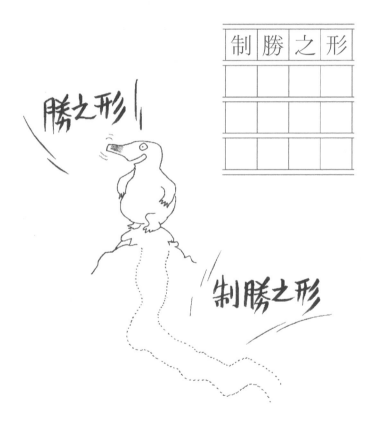

손자는 여기서 두 가지의 중요한 개념을 말하고 있다. 즉 승지형(勝之形)과 제승지형(制勝之形)이다. 승지형은 승리를 했을 때 겉으로 드러나는 모양이다. 겉으로 드러나 있고, 지금 눈앞에서 벌어지는 현상이기 때문에 누구나 보면 알 수 있다. 제승지형은 그러한 승리가 가능하기까지 보이지 않는 곳에서 이루어진 과정을 말한다. 이것은 은밀해서 아무나 볼 수 없다. 깊은 통찰력을 가진 사람만이 분별할 수 있고, 또 그러한 승리의 과정을 만들어갈 수 있다. 사실상 중요한 것은 눈에 보이는 결과론적인 현상보다 눈에 보이지 않는 숨어 있는 과정이다. 반드시 이길 수 있도록 여러 가지로 승리의 고리를 꿰는 것이다. 보이는 것은 보이지 않는 것에 의해 좌우된다. 이러한 제승지형을 잘해야 진정한 전략가라고 할 수 있다.

한산도에 가면 제승당(制勝堂)이 있다. 당시 이순신 장군의 작전 사령부였다. 처음에는 운주당으로 불리다가 나중에 제승당으로 이름이 바뀌었다. 이곳에서 이순신 장군은 장수들과 여러 계책을 논하며 승리를 만들어나갔다. 보통 사람들은 이순신 장군이 바다에서 승리한 현상만을 인식할 뿐이다. 즉 일본 배가 불에 타고 침몰하는 겉모양만 볼 수 있다. 비록 보이지는 않지만 수많은 논의와 숙고를 통해 그러한 승리를 이루기까지의 과정은 알 수가 없는 것이다. 결과만으로 모든 것을 평가해버리는 오늘의 세태에서 과정 또한 눈여겨봐야 한다는 제승지형은 우리에게 새로운 경각심을 불러일으킨다. 대체로 과정이 충실하면 그 결과도 좋은 법이다.

남의 시선을 두려워하지 마라

그러므로 싸움에서 승리의 방법은 두 번 사용하지 않고, 적과 나의 형세에 따라 무궁하게 응용해나가는 것이다.

故其戰勝不復, 而應形於無窮.
고 기 전 승 불 복   이 응 형 어 무 궁

戰	勝	不	復	應	形	無	窮

경쟁의 세계에서는 늘 새롭지 않으면 본질적으로 성공하기 어렵다. 변하고 또 변해야 한다. 새롭고 또 새로워야 한다. 아침에 눈을 뜨고 일어나면 마음을 다져야 한다. 일일신우일신(日日新又日新), 날마다 새로운 삶을 살자.

엉뚱한 발상으로 재미를 주는 작가 베르나르 베르베르는 자신의 성공 비결에 대해 이렇게 말했다. "내가 독특한 작품들을 쓸 수 있었던 이유는 사람들의 무관심이나 평가를 두려워하지 않았기 때문이다." 사람들을 의식하면 아무것도 할 수 없다. 그저 평범하게 살다가 죽을 뿐이다. 새로운 것을 보는 눈은 남들이 보지 못하는 것을 볼 때 생긴다. 남들이 다 보는 것은 이미 새로운 것이 아니다. 사막의 여우라고 불린 롬멜 장군은 "나는 탁상 위의 전략을 믿지 않는다"고 말하며 틀에 박힌 고정된 전략을 배제했다. 그리하여 아프리카 리비아 사막을 마치 바다처럼 상상하고 마음껏 창의력을 발휘한 전략으로 영국 연합군을 당황하게 만들었다.

전승불복의 또 다른 의미를 찾는다면, 승리는 영원하지 않다는 것이다. 한 번 달성한 성공은 영원히 가는 것이 아니라 언젠가는 실패로 이어질 수 있다. 그러므로 지금 성공했다고 해서 절대로 자만해서는 안 된다. 마찬가지로 지금 실패했다고 해서 절대로 좌절해서도 안 된다. 성공과 실패는 돌고 도는 것이다. 그래서 현명한 사람은 성공했을 때 실패를 생각하고, 실패했을 때 성공을 바라본다.

억지로는 안 된다

무릇 군대의 운용은 물의 성질을 닮았으니, 물의 성질은 높은 곳을 피해 낮은 곳으로 흘러가고, 군대의 운용은 적의 실을 피해 허한 곳을 공격한다.

夫兵形象水, 水之形, 避高而趨下, 兵之形, 避實而擊虛.
부 병 형 상 수　　수 지 형　　피 고 이 추 하　　병 지 형　　피 실 이 격 허

병형상수(兵形象水), 너무나 유명한 어구이다. 물은 어떻게 흐르는가? 높은 곳에서 낮은 곳으로 흐른다. 군대는 어떻게 승리를 거두는가? 적의 잘 준비된 곳을 피하고 준비되지 않은 빈 곳을 친다. 물과 군대 운용의 공통점은 무엇인가? 자연스럽게 순리를 따른다는 것이다. 무엇이 서로 다른가? 물은 가만 두어도 저절로 낮은 곳으로 흐르지만, 군대는 가만 두면 승리할 수 없다는 것이다. 적의 빈 곳을 눈여겨 찾아야 하고, 없다면 여러 가지 계책을 써서 빈 곳을 만드는 노력이 필요하다. "물을 닮아라." 참 좋은 말이다. 세상을 살면서 이 말을 이렇게 응용하면 어떨까? 어떤 일이 이루어지기를 가슴 졸이며 기다렸다. 꼭 이루어져야 했다. 그런데 결과는? 이루어지지 못했다. 억장이 무너지는 절망감. 이럴 때 이런 마음을 먹으면 좋다. "억지로는 안 된다." 그렇다. 세상 일이란 억지로는 안 되는 것이다. 순리가 아닌데도 억지로 했다가는 결코 오래가지 못한다. 일이 안 되는 그 순간, 가능한 빨리 잊어버리는 것이 몸에 이롭다. 지나간 것은 과거일 뿐이다. 미련을 두지 말자.

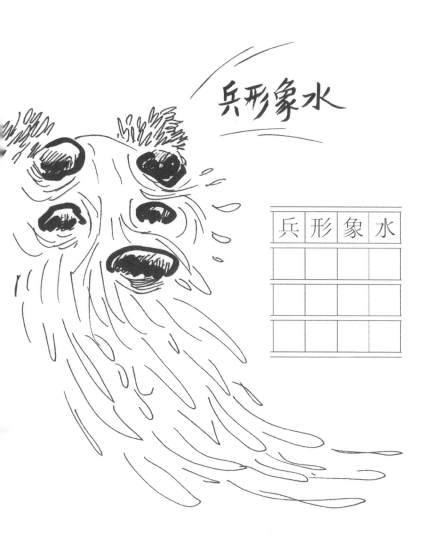

兵形象水

兵	形	象	水

항상 변한다

물은 땅의 형태에 따라 갈길을 잡아나가며, 군대는 적의 형태에 따라 승리를 만들어
나간다. 그러므로 군대에는 고정된 세나 변하지 않는 형이 없고, 적의 변화에 따라
적절히 대응하여 승리를 얻는 것이니, 이 정도가 되면 신의 경지라고 한다.

水因地而制行, 兵因敵而制勝.
수 인 지 이 제 행　　병 인 적 이 제 승

故兵無成勢, 無恒形, 能因敵變化而取勝者, 謂之神.
고 병 무 성 세　　무 항 형　　능 인 적 변 화 이 취 승 자　　위 지 신

兵	無	成	勢

군대가 승리하기 위해서는 적의 동태에 민감하게 반응하면서 끊임
없이 적의 허점을 찾아내야 한다. 적은 상황에 따라 수시로 변하기
때문에 그에 맞게 나도 변해야 한다. 그러는 가운데 결정적인 허점
을 발견하면 곧바로 공격하여 승리를 거두도록 한다. 고정된 것은
없다. 항상 바뀐다. 이러한 변화에 잘 적응하여 능수능란하게 승리
를 거둔다면, 가히 신의 경지에 이르렀다고 할 수 있다.

謂之神

틈새를 공략하라

그러므로 오행[木火土金水]의 어느 요소도 다른 모든 요소를 이길 수는 없으며, 네 계절도 언제나 고정됨이 없으며, 해도 길고 짧음이 있고, 달도 차고 기울어짐이 있다.

故五行無常勝, 四時無常位, 日有短長, 月有死生.
고 오 행 무 상 승   사 시 무 상 위   일 유 단 장   월 유 사 생

목(木), 화(火), 토(土), 금(金), 수(水)의 5행(行)은 서로를 돕는 상생(相生)과 서로를 이기는 상극(相剋)의 관계가 있다. 상생은 바로 옆의 행에 영향을 주어 이들을 살아나게 하는 것이다. 나무는 불을 살아나게 하고[木生火], 불은 물질을 태워 흙을 만들고[火生土], 흙은 모여서 금석이 되고[土生金], 금석에서 물이 솟아난다[金生水]. 상극이란 하나를 건너뛴 행끼리 나쁜 영향을 주는 것을 말한다. 나무는 흙을 뚫고[木剋土], 흙은 물의 흐름을 막고[土剋水], 물은 불을 끄고[水剋火], 불은 쇠를 녹이고[火剋金], 쇠는 나무를 자른다[金剋木]. 이렇게 오행은 고정됨이 없이 서로를 돕기도 하고 서로를 반대하기도 한다. 이와 같이 승리와 패배도 고정됨이 없이 돌고 도는 것이다.

경쟁의 세계도 마찬가지다. 항상 성공할 수도 없고, 항상 실패하지도 않는다. 허와 실도 고정됨이 없이 언제나 변한다. 현명한 사람은 경쟁자의 실을 피하고 허를 노려 이를 공략한다. 어리석은 사람은 허가 발생될 때까지 기다리지 못하고 경쟁자의 실을 공략하는 사람이다. 경쟁자의 실이 아니라 허를 노려야 한다. 허와 실을 정확하게 분별하는 안목이 중요하다. 나에게도 허가 없는지를 신중하게 돌아보아야 실패하지 않는다. 세계적인 자동차 기업 혼다를 세운 혼다 소이치로는 기회가 없다고 불평하는 아들에게 이런 말을 했다. "어느 시대든 반드시 틈새가 있다." 틈새는 아직 비어 있는 곳이며 블루오션이다. 아무도 보지 못한 허다.

돌아가도 괜찮다

제7편 군쟁軍爭

실제로 이론을 증명하라 | 때로는 돌아가는 길이 빠른 길이다

밤샘 일만이 능사가 아니다 | 준비 없이 덤비지 마라 | 무너지는 것은 한순간이다

적용과 응용의 차이 | 전략경영과 선지자 | 법대로 행동하라

퇴근 시간에 휴가를 건의하라 | 인생은 해석이다

병원 침대에 누워 있으면 세상이 다 소용없다

외양간에 소가 없다면? | 궁지에 몰린 사람을 너무 몰아가지 마라

以迂爲直 以患爲利 이우위직 이환위리
돌아가되 빨리 가고, 근심을 이로움으로 바꾼다.

迂直之計 우직지계
돌아가는 것으로 빨리 가는 계

治氣 治心 治力 治變 치기 치심 치력 치변
사기를 다스리고, 마음을 다스리고, 체력을 다스리고, 변화를 다스린다.

窮寇勿迫 궁구물박
궁지에 몰려있는 적을 더 몰고 가지마라.

실제로 이론을 증명하라

손자가 말하기를, 무릇 용병하는 법은 장수가 군주에게 명령을 받아 백성을 징집하여 군대를 조직하고, 적군과 대치하고 자리를 잡게 되는데, 이러한 과정을 지나 실제로 전투를 수행하는 것만큼 어려운 것이 없다. 군쟁이 어렵다는 것은, 내가 돌아감으로써 곧바로 가는 길로 만들어야 하고, 나의 근심거리를 오히려 이로운 것으로 만들어야 하기 때문이다.

孫子曰, 凡用兵之法, 將受命於君, 合軍聚衆, 交和而舍, 莫難於軍爭.
손자왈   범용병지법   장수명어군   합군취중   교화이사   막난어군쟁

軍爭之難者, 以迂爲直, 以患爲利.
군쟁지난자   이우위직   이환위리

이론과 실제는 다르다. 아무리 이론을 많이 알아도 실제로는 통하지 않을 때가 많다. 진정한 승부사는 실제로 이론을 증명하는 사람이다. 아무리 복싱 이론을 많이 알아도 상대방을 바닥에 눕혀야 실력이 인정되는 것이다. 말로 못 하는 사람이 어디 있겠는가. 군쟁의 어려움은 이론을 실제와 일치시키는 데 있다. 실제로 싸워 이겨야 한다는 것이다. 사업을 해서 실적을 올려 성공해야 한다는 것이다. 그 유명한 우직지계(迂直之計)가 여기에 나온다. 우직지계는 두 가지 개념이 포함되어 있다. 비록 돌아가지만 결과적으로는 빨리 가는 것, 그리고 현재의 근심을 오히려 유리한 기회로 삼는 것이다. 매우 바람직한 일이지만 그것을 현실로 이루기는 결코 쉽지 않다.

以	迂	爲	直	以	患	爲	利

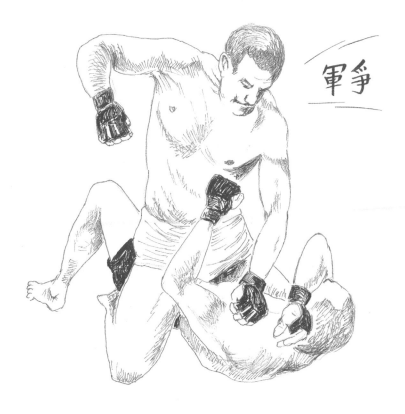

軍爭

때로는 돌아가는 길이 빠른 길이다

그러므로 그 길을 내가 멀리 돌아가더라도 적에게 이로운 듯이 유인하여 적보다 늦게 출발하고도 더 빨리 도착하는 것이니 이것을 우직지계를 아는 것이라고 한다.

故迂其途而誘之以利, 後人發, 先人至, 此知迂直之計者也.
고우기도이유지이리　　후인발　선인지　　차지우직지계자야

迂 直 之 計

先人至

때로는 돌아가는 길이 빨

갈 때 직진의 고속도로를 타는 것보다는 오히려 돌아가지만 교통량이 한가한 국도를 타는 것이 빠를 수 있다. 영국의 유명한 군사이론가 리델하트는 자신이 집필한 『전략』에서 280개의 전쟁을 연구한 결과 직접 공격해서 승리한 경우는 불과 6개에 불과했고, 나머지는 모두 돌아서 공격하는 간접 공격으로 승리했다고 분석했다. 뻗히 예상되는 직진의 길에는 지뢰와 장애물과 병력이 집중적으로 배치되지만, 돌아가면 이러한 적의 저항이 적기 때문이다. 인간관계도 마찬가지다. 눈앞의 이익만을 보고 곧바로 달려드는 것이 아니라 오히려 돌아가고, 양보하고, 손해를 보면 결국에는 그것이 자신을 이롭게 만드는 길이 될 수 있다. 곡선이 직선을 이긴다고 하는 곡즉승(曲卽勝)의 지혜가 이것이다.

경쟁의 환경에서 살다보면 내가 악성 공격의 대상이 될 수 있다. 예를 들어 누가 나에 대해 나쁜 소문을 낸다거나, 근거도 없이 비방한다거나, 인터넷에 악플을 달아 괴롭힌다거나 하는 것들이다. 이런 외부의 공격 외에도 내가 가지고 있는 나쁜 습관들이 있다. 담배를 피운다거나, 습관적으로 과음을 한다거나, 욕을 입에 달고 산다거나 하는 것들이다. 이럴 때는 직접적으로 그 대상을 공격하면 오히려 더 힘들어진다. 자칫 잘못하면 내가 그 속에 함몰되어 돌이킬 수 없는 잘못을 범할 우려도 있다. 이때는 돌아가는 방법을 택한다. 직접적으로 좋지 않은 환부를 공격하지 말고, 더 좋은 것으로 나쁜 것들을 희석시키는 것이다. 예를 들어 선플을 많이 달아 악플을 희석시키거나, 좋은 습관을 더 많이 가져 나쁜 습관을 희석시키는 것이다. 다양한 취미 활동을 하고, 등산을 하고, 노래를 부르며, 건전하고 명랑한 생활습관을 더 많이 가지면 자연스럽게 나쁜 습관들이 사라지게 된다. 이것이 우직지계의 지혜이다.

밤샘 일만이 능사가 아니다

그러므로 군쟁에는 유리함도 있고 위태함도 있다. 식량과 보급품을 나르는 보급부대를 포함한 모든 군대를 이끌고 이익을 다투려 하면 제시간에 이르지 못하고, 선발된 정예부대로만 이익을 다투려 하면 보급부대는 버려진다. 이런 까닭에 갑옷을 벗어던질 정도로 서둘러 달려가 밤낮을 쉬지 않고 보통 가는 거리보다 두 배의 거리를 강행군하여 이익을 얻으려 싸운다면, 총지휘관이 사로잡힐 것이며, 건장한 자는 먼저 가고, 피로한 자는 뒤에 남게 되어 전체의 십분의 일만 도달하게 된다.

故軍爭爲利, 軍爭爲危. 擧軍而爭利則不及, 委軍而爭利則輜重捐.
고 군 쟁 위 리   군 쟁 위 위   거 군 이 쟁 리 즉 불 급   위 군 이 쟁 리 즉 치 중 연

是故捲甲而趨, 日夜不處, 倍道兼行, 百里而爭利, 則擒三軍將, 勁者先,
시 고 권 갑 이 추   일 야 불 처   배 도 겸 행   백 리 이 쟁 리   즉 금 삼 군 장   경 자 선

疲者後, 其法十一而至.
피 자 후   기 법 십 일 이 지

모든 것이 갖추어질 때까지 기다렸다가 일을 하려고 하면 시기를 놓칠 수 있다. 어떤 때는 비록 부족하지만 곧바로 일을 시작해야 한다. 타이밍이 중요하기 때문이다. 리더는 이러한 판단을 잘해야 한다. 휴식시간도 없이 밤샘 일을 강행하면 결국에는 CEO도 지치고 직원들도 쓰러진다. 오래가지 못한다. 일하는 시간은 많을지 몰라도 성과나 일의 능률은 더 떨어진다. 무엇보다도 삶의 질이 형편없어진다. 그러므로 적절한 일의 주기가 중요하다. 충분히 일하고, 충분히 쉬는 것이 결과적으로 보면 훨씬 능률적이다.

164

준비 없이 덤비지 마라

오십 리를 달려가 이익을 얻으려 싸운다면 상급 장수가 쓰러질 것이니, 이러한 방법으로는 반 정도만 도달하게 되고, 삼십 리를 달려가 이익을 얻으려 싸운다면, 삼분의 일만 도달하게 될 것이다. 이런 까닭에 군에 보급부대가 없으면 망하고, 양식이 없으면 망하고, 보급물자의 축적이 없으면 망한다.

五十里而爭利, 則蹶上將, 其法半至. 三十里而爭利, 則三分之二至.
오십리이쟁리　　즉궐상장　　기법반지　　삼십리이쟁리　　즉삼분지이지

是故軍無輜重則亡, 無糧食則亡, 無委積則亡.
시고군무치중즉망　　무량식즉망　　무위적즉망

단지 의욕만 가지고 준비도 없이 달려들었다가는 아무것도 얻지 못하고 손해와 희생만 생긴다. 적기의 타이밍을 잘 읽고, 가능한 기본적인 준비를 갖춘 후에 일을 시작하는 것이 좋다.

나폴레옹은 의기양양하게 모스크바를 점령했지만, 결국 비참한 모습으로 퇴각하고 말았다. 흔히 그 이유를 혹독한 날씨 때문이라고 생각한다. 그도 그럴 것이 나폴레옹도 "우리를 파멸시켰던 것은 겨울이었다. 우리는 날씨의 희생양이었다"고 말했기 때문이다. 그런데 이것은 사실이 아니다. 실패의 원인을 날씨 탓으로 돌리고자 한 나폴레옹이 의도적으로 한 말일 뿐이었다. 실제로 나폴레옹이 퇴각을 시작했던 1812년 10월 19일 모스크바의 날씨는 그다지 춥지 않았다. 영하 35도의 혹독한 12월의 추위는 나폴레옹의 주력이 이미 다 빠져나간 후에 낙오자들이 겪은 것이었다. 그렇다면 45만 명의 당당했던 나폴레옹의 원정 군대를 불과 4만 명으로 줄게 만든 원인은 무엇인가? 바로 식량을 중심으로 한 보급품의 부족이었다. 보급체계가 원활하게 이루어지지 않아서 러시아의 강력한 초토전술에 의해 패한 것이다.

손자가 지적한 대로 군에 보급부대가 없으면 망하고, 양식이 없으면 망하고, 보급물자의 축적이 없으면 망하는 법이다. 군대건 회사건 잊지 말아야 할 것이 있다. "잘 먹이고, 잘 입히고, 잘 재워야" 이길 수 있다는 것이다.

무너지는 것은 한순간이다

그러므로 인접국의 꿍꿍이를 모르면 섣불리 외교관계를 맺을 수 없고, 삼림과 험한 곳, 소택지 등의 지형을 알지 못하면 행군을 할 수 없고, 지역의 길 안내자를 쓰지 않으면 지형의 이로움을 얻을 수 없다. 그러므로 군사작전은 적을 속임으로써 승리의 여건을 만들고, 이익에 따라 움직이며, 분산과 집중으로 변화를 만드는 것이다.

故不知諸侯之謀者, 不能豫交, 不知山林險阻沮澤之形者, 不能行軍,
고부지제후지모자　불능예교　부지산림험조저택지형자　불능행군

不用鄕導者, 不能得地利. 故兵以詐立, 以利動, 以分合爲變者也.
불용향도자　불능득지리　고병이사립　이리동　이분합위변자야

현지 _____ 화 「300」
의 배경이 된 테르모필레 전투에서 레오니다스 왕이 이끄는 300명의 스파르타 군은 압도적인 페르시아 군을 맞이해서 잘 버텼지만, 결국에는 현지의 길을 잘 아는 배신자에 의해 후방 통로가 열리는 바람에 전멸하고 말았다. 무너지는 것은 한순간이다.

적용과 응용의 차이

그러므로 그 신속함은 바람과 같이 빠르게 하고, 그 느림은 숲과 같이 은밀히 하고, 침략할 때는 불과 같이 맹렬히 하고, 움직이지 않을 때는 산과 같이 장중히 하고, 움직일 때는 번개와 같이 빠르게 한다.

故其疾如風, 其徐如林, 侵掠如火, 不動如山, 難知如陰, 動如雷震.
고 기 질 여 풍　　기 서 여 림　　침 략 여 화　　부 동 여 산　　난 지 여 음　　동 여 뢰 진

일본 전국시대의 유명한 무장 다케다 신겐은 '풍림화산(風林火山)'을 군기에 적어다니며 꼭 그렇게 행동했다. 조용히 있을 때는 숲과 산과 같이 조용히 그리고 장중히 하고, 공격할 때는 바람과 불과 같이 빠르고 맹렬하게 했다. 그리하여 그에게는 적수가 없었다. 소프트뱅크의 손정의는 『손자병법』을 응용하여 25자의 '제곱병법'을 창안했다. 그는 풍림화산에 해(海)를 더하여 "상대를 만나면 바다처럼 삼켜라"고 말했다. 어느 한 분야를 깊이 꿰뚫으면 그 수준으로 다른 것도 쉽게 응용할 수 있다. 다케다 신겐은 『손자병법』을 그대로 적용했고, 손정의는 『손자병법』을 더욱 발전시켜 응용했다. 적용한 다케다 신겐은 잠시 전국시대를 누볐지만, 응용한 손정의는 세계를 누비고 있다. 적용과 응용의 차이다.

전략경영과 선지자

마을을약탈할때는병력을여러갈래로나누어하고,땅을넓히되병력을나누어넓힌땅의이로움을지키며,상황을판단하여적을헤아린후에움직이고,먼저우직지계를아는자가이기니,이러한것들이바로군쟁의법칙이다.

掠鄕分衆, 廓地分利, 懸權而動, 先知迂直之計者勝, 此軍爭之法也.
약 향 분 중   곽 지 분 리   현 권 이 동   선 지 우 직 지 계 자 승   차 군 쟁 지 법 야

탁월한 지휘관은 어떠한 장소나 여건하에서도 그에 맞는 적절한 전략을 구사해 최대의 성과를 달성한다. 전쟁을 하건 사업을 하건 결과적으로는 최대의 이익을 남겨야 한다. 그러기 위해서는 전략이 필요하다. 여기서 우리는 경영전략과 전략경영에 대한 이해가 필요하다. 경영전략이란 군사전략, 입시전략과 같이 경영에 관한 '전략'을 말한다. 전략경영이란 경영을 하되 '전략적'으로 하는 것을 말한다. 그저 생각나는 대로 주먹구구식으로 하지 않고 경영전략에 따라 명확한 목표를 정하고, 사용 가능한 수단을 동원하여 최대의 이익이 남도록 경영하는 것이 바로 전략경영이다.

先知

　스티브 잡스는 전략경영의 대가라고 할 수 있다. 이러한 천재의
존재는 만 명을 먹여 살리는 것이 아니라 수백만 명을 먹여 살릴 수
있다. 다급한 위기 상황일수록 전략경영의 중요성은 더욱 빛을 발
한다. 우직지계는 비록 돌아가더라도, 비록 불리한 상황에 맞닥뜨
리더라도 그것을 극복하고 기어이 최고의 성과를 창출해내는 최고
의 전략경영의 지혜라고 할 수 있다. 손자는 이러한 우직지계를 먼
저 아는[先知] 사람이 승리한다고 말했다. 먼저 아는 사람을 선지자
(先知者)라고 부르며, 역사는 이들에 의해 새롭게 쓰이는 것이다.

법대로 행동하라

옛 병서에 이르기를, 말소리가 서로 들리지 않기 때문에 징과 북을 사용하고, 신호가 서로 보이지 않기 때문에 깃발을 사용했다고 한다. 그러므로 밤에 싸울 때는 징과 북을 많이 쓰고, 낮에 싸울 때는 깃발을 많이 쓴다. 무릇 징과 북과 깃발은 사람의 눈과 귀를 하나로 모으기 때문에 사람들이 하나가 되면 용감한 자도 혼자 앞으로 나아갈 수 없고, 비겁한 자도 혼자 물러설 수 없으니, 이것이 많은 병력을 운용하는 법이다.

軍政曰, 言不相聞, 故爲金鼓, 視不相見, 故爲旌旗.
군 정 왈　　언 불 상 문　　고 위 금 고　　시 불 상 견　　고 위 정 기

故夜戰多金鼓, 晝戰多旌旗.
고 야 전 다 금 고　　주 전 다 정 기

夫金鼓旌旗者, 所以一民之耳目也, 民旣專一, 則勇者不得獨進,
부 금 고 정 기 자　　소 이 일 민 지 이 목 야　　민 개 전 일　　즉 용 자 부 득 독 진

怯者不得獨退, 此用衆之法也.
겁 자 부 득 독 퇴　　차 용 중 지 법 야

전쟁을 할 때는 병사들이 일사불란하게 움직이도록 각종 신호 규정이 잘 준비되어 있어야 한다. 마찬가지로 회사를 운영할 때도 조직원들이 정해진 규율에 따라 일사불란하게 행동하게 만드는 잘 정리된 내규가 있어야 한다.

퇴근 시간에 휴가를 건의하라

그러므로 부대에 있어서는 가히 사기를 빼앗아야 하고, 장군에 있어서는 가히 마음을 빼앗아야 한다. 이런 까닭에 아침에는 기세가 충천하고, 낮에는 기세가 늘어지며, 저녁에는 기세가 수그러드니, 그러므로 용병을 잘하는 자는 적의 날카로운 기세를 피하여 늘어지고 수그러질 때까지 기다렸다가 공격한다. 이것이 기를 다스리는 법이다.

故三軍可奪氣, 將軍可奪心. 是故朝氣銳, 晝氣惰, 暮氣歸.
고 삼 군 가 탈 기   장 군 가 탈 심   시 고 조 기 예   주 기 타   모 기 귀

故善用兵者, 避其銳氣, 擊其惰歸, 此治氣者也.
고 선 용 병 자   피 기 예 기   격 기 타 귀   차 치 기 자 야

기운을 다스리는 치기(治氣)를 말하고 있다. 적의 병사들로부터는 사기를 빼앗고, 장군에게서는 마음을 빼앗아야 승리할 수 있다. 사기를 어떻게 다스리느냐 하는 것은 일을 성공시키기 위해서 매우 중요하다. 모든 경영자는 조직원의 사기에 늘 관심을 가져야 한다. 찰스 D. 다이저트는 이런 말을 했다. "부정적인 기업문화를 긍정적으로 바꾸기 위해서는 2년에서 6년이라는 세월이 걸리지만, 직원들의 사기를 떨어뜨리는 데는 단 5분도 걸리지 않는다." 귀담아들을 말이다.

직장 생활에 이를 응용해보자. 아침이 되면 사람들은 모두 바쁘다. 낮이 되면 힘이 빠지기 시작한다. 그러다가 저녁이 되면 집으로 돌아가고 싶어 한다. 이런 심리적인 현상을 잘 알고 사람들과 접촉하면 좋은 결과를 낳는다. 바쁜 시간에는 그들의 시간을 빼앗지 않는 것이 좋다. 아침에는 눈이 초롱초롱하고 정신이 맑다. 이때 짧게 회의를 하면 좋고, 중요한 보고서도 검토한다. 그러나 오후에 접어들면서는 정신이 몽롱해진다. 집중력도 떨어진다. 이럴 때 중요한 회의나 보고서를 검토하는 일은 피하는 것이 좋다. 협상을 할 때도 마찬가지다. 사람들이 집에 가고 싶어 하는 오후 늦은 시간을 이용하면 좋다. 빨리 결론짓고 퇴근하고 싶어 하기 때문이다. 이러한 심리상태를 잘 이용하면 협상도 수월하게 이루어진다. 또한 이때가 말을 꺼내기 어려운 개인 휴가를 건의하는 적기다.

인생은 해석이다

나는 정돈된 상태에서 적의 어지러움을 맞이하고, 나는 정숙한 상태에서 적의 소란
함을 맞이하니, 이것이 마음을 다스리는 법이다.

以治待亂, 以靜待譁, 此治心者也.
이 치 대 란   이 정 대 화   차 치 심 자 야

治心

治	心

마음을 다스리는 치심(治心)을 말하고 있다. 어떠한 위기 상황에서도 평상심을 유지하고 냉정을 찾을 수 있어야 한다. 그래야 상황에 끌려가지 않고 정확하게 일처리를 할 수 있다. 전격전 이론의 기초를 제공한 영국의 풀러 소장은 지휘관의 정신을 마비시키는 것이 전승의 요체라고 말하면서 '마비전(痲痺戰)'을 주장했다. 정신을 직접적인 공격 대상으로 삼은 통찰력 있는 안목이다. 마음을 잘 다스리는 것은 전쟁에서뿐만 아니라 삶에서도 중요하다.

인생은 해석이다. 같은 상황을 보더라도 어떻게 해석하느냐에 따라 행복할 수도 있고, 불행할 수도 있다. 앞이 캄캄할 경우 꽉 막힌 동굴로 여겨 절망하는 사람이 있는가 하면, 터널로 생각해서 곧 빛을 보게 되리라는 희망을 갖는 사람이 있다. 한쪽 문이 막힐 경우 좌절감에 털썩 주저앉는 사람이 있는가 하면, 반드시 다른 문이 열릴 것을 기대하며 희망을 잃지 않는 사람이 있다. 결국 행복과 불행은 어떤 관점에서 보느냐에 달려 있으니, 과연 인생은 해석하기 나름이다. 치심의 핵심은 멘탈(mental)관리다. 어떠한 상황에서도 꿋꿋하게 견디는 마음의 힘이다. 멘탈도 관리를 해야 한다.

병원 침대에 누워 있으면
세상이 다 소용없다

내가먼저 가까이에 있는 장소에 가서 기다림으로써 멀리서 오는 적을 맞이하고, 나는 편안히 있으면서 지친 적을 맞이하고, 나는 배부름으로써 주린 적을 맞이하니, 이 것이 힘을 다스림이다.

以近待遠, 以佚待勞, 以飽待飢, 此治力者也.
이 근 대 원　　이 일 대 로　　이 포 대 기　　차 치 력 자 야

체력을 다스리는 치력(治力)을 말하고 있다. 나는 언제나 힘이 넘치도록 하고, 경쟁자는 힘이 빠지도록 해야 한다. 경쟁자가 멀리서 기차를 타고, 버스를 타고, 전철을 갈아타고 오게 만든다. 경쟁자로 하여금 지쳐서 걷는 것조차 힘들게 만든다. 하루 종일 아무것도 먹지 못해 배에서 쪼르륵 소리가 나도록 만든다. 경쟁자를 이렇게 만들 수 있다면 나는 아주 쉽게 내가 원하는 바를 이룰 수 있다. 현실적으로 내가 원한다고 해서 이런 상태까지 만들기 어려울지 몰라도, 경쟁자의 체력을 고갈시키고 나는 상대적으로 힘이 넘치도록 해야 경쟁에서 이길 수 있다는 말이다. 그래서 "체력은 국력"인 것이다.

기업의 경영자들은 틈나는 대로 운동을 해서 체력을 강하게 만들 의무가 있다. 건강하고 에너지가 넘쳐야 열정적으로 일할 수 있기 때문이다. 건강에 적신호가 오면 그때부터는 어떤 일도 할 수 없다. 그래서 경영자에게 있어서 건강관리는 스스로를 지키고, 기업을 지키는 엄숙한 의무이다. 며칠이라도 병원 침대에 누워 있어 보라. 무슨 생각을 하겠는가? 오로지 건강하게 퇴원하는 것 외에는 다른 생각이 없다. 목숨이 왔다 갔다 하는 중병에 걸렸을 때는 더욱 그렇다. 오직 살 수만 있다면 다른 어떤 것도 필요치 않다. 세상이 다 소용없다. 정말 아무 욕심이 없는 것이다. 사람이 참으로 간사한 존재라는 것을 병원 침대에 누웠을 때라야 실감하게 된다. 그러므로 건강관리는 아무리 강조해도 지나침이 없다.

외양간에 소가 없다면?

깃발이 정연한 적을 맞아 치지 않고, 당당한 진을 갖춘 적을 맞아 공격하지 않으니, 이
것이 변화를 다스리는 법이다.

無邀正正之旗, 勿擊堂堂之陣, 此治變者也.
무 요 정 정 지 기   물 격 당 당 지 진   차 치 변 자 야

상황 변화를 다스리는 치변(治變)을 말하고 있다. 경쟁 상황은 수시로 바뀐다. 경영자는 변하는 상황을 주시하고 정확한 판단을 내릴 수 있어야 한다. 그러기 위해서는 항상 변화에 민감해야 한다. 지금까지 네 가지의 다스림에 대해 말했다. 이를 사치(四治)라고 한다. 사기를 다스리고[治氣], 마음을 다스리고[治心], 체력을 다스리고[治力], 변화를 다스리는 것[治變]이다. 이 네 가지는 서로 연관되어 있다. 이 중에서도 으뜸은 역시 마음이다. 마음을 잘 다스려야 나머지 것이 저절로 돌아간다. 자신에게 부여되는 책임감이 너무 큰가? 짊어져야 할 짐이 너무 무거운가? 골치 아픈 일이 잔뜩 쌓여만 가는가?

외양간에 소가 없다면 외양간은 깨끗하다. 그러나 소가 없는 외양간은 무슨 소용이 있는가? 마찬가지로 나라고 하는 존재가 이 세상에 있기 때문에 여러 가지 부담이나 책임감이나 스트레스가 있는 것이다. 그것은 내가 살아 있다는 분명한 존재감이다. 죽은 자에게 지워지는 의무는 없다. 그러므로 이러한 마음가짐을 잘 가진다면 세상은 가벼워지기 시작한다. 사람의 마음은 하루에도 열두 번씩 변한다고 한다. 그만큼 마음을 다스리는 것이 어렵다는 말이다. 감정이란 참 묘한 것이다. 얼마나 굴곡이 심한지 모른다. 금방 좋았다가도 금방 우울해지는 것이 사람의 감정이다. 하루에도 수시로 변하는 상황에 대해 감정을 잘 다스리는 것이 곧 마음을 잘 다스리는 일이다.

궁지에 몰린 사람을 너무 몰아가지 마라

그러므로 용병의 법은, 적이 높은 곳에 있으면 위를 향하여 싸우지 말고, 언덕을 뒤에 두고 있으면 거슬러 오르면서 싸우지 말며, 거짓으로 달아나면 좇지 말고, 사기가 왕성한 적은 공격하지 말며, 병사를 미끼로 보내어 싸우고자 해도 싸우지 말고, 고향으로 돌아가려고 하면 갈 길을 막고 싸우지 말며, 적을 포위했을 때는 한쪽 구멍을 터주고, 적이 궁핍한 지경에 있으면 너무 핍박하지 말아야 하니, 이것이 용병의 법이다.

故用兵之法, 高陵勿向, 背丘勿逆, 佯北勿從, 銳卒勿攻, 餌兵勿食,
고 용 병 지 법　고 릉 물 향　배 구 물 역　양 배 물 종　예 졸 물 공　이 병 물 식

歸師勿遏, 圍師遺闕, 窮寇勿迫, 此用兵之法也.
귀 사 물 알　위 사 유 궐　궁 구 물 박　차 용 병 지 법 야

전쟁을 하다보면 여러 가지 상황을 만나게 된다. 그때마다 현명하게 판단해서 싸워나가야 한다. 여기서 주의해야 할 점이 있다. 궁지에 몰린 사람을 너무 몰아대지 말라는 것이다. 쫓기던 쥐가 고양이를 물 수 있기 때문이다. 몰더라도 도망갈 길을 열어두고 몰아야 한다.

　회사 내에서 당신을 반대하는 사람들이 있을지 모른다. 그들을 몰아세울 일이 있을 경우, 그들이 최소한의 체면을 유지할 수 있는 여지를 남겨두어야 한다. 그렇지 않으면 그들이 궁지에 몰릴 때 당신을 곤혹스럽게 만들 수도 있다. 특히 인격적인 부분은 건드리지 말아야 한다. 그러면 뒷일도 생각하지 않고 폭발할 수 있다. 사람마다 역린(逆鱗)이 있게 마련이다. 『한비자』의 '세난'편에 나오는 역린은 용의 턱밑에 거슬러 난 비늘로, 이것을 건드리면 용이 크게 노한다는 전설에서 따온 말이다. 아무리 화가 나더라도 역린만은 건드리지 말자. 갖가지 이해관계로 얽혀 있으므로 세상은 복잡할 수밖에 없다. 이 복잡한 세상을 살아가면서 각각의 경우에 맞도록 현명하게 처신하고, 경쟁에서 이긴다는 것이 얼마나 어려운 일인가? 그래서 손자는 서두에 군쟁(軍爭)은 어렵다고 말한 것이다.

변할 때는 변해야 산다

제8편 구변九變

신속하게 판단하라 | 삶의 원칙을 세워라 | 다양한 전술 변화를 익혀라

좋은 일은 미리 당겨 생각하라 | 이로움과 해로움 | 전쟁이 날까?

올바른 배수진을 쳐라 | 약삭빠른 처세는 오래 못 간다 | 욱하는 성질 죽이기

내 주변에 사람이 얼마나 있는가? | 분별없는 사랑은 모두를 죽인다

성격이 운명을 좌우한다

君命有所不受 군명유소불수
임금의 명령도 듣지않을 때가 있다.

無恃其不攻 恃吾有所不可攻
무시기불공 시오유소불가공
적이 공격해오지않을 것을 믿지말고
내게 적이 공격해오지 못할 준비태세가 있음을 믿도록하라.

必雜於利害 필잡어리해
반드시 이로움과 해로움이 섞여 있다.

將有五危 장유오위
장군에게 다섯 가지 위험한 성격이 있다.

신속하게 판단하라

손자가 말하기를, 용병의 법에 장수가 군주의 명을 받고, 부대와 병력을 모은 후에, 소택지에서는 숙영하지 말며, 사통팔달 요충지에서는 주변 나라와 외교관계 맺기에 힘쓰며, 메마른 곳에서는 머무르지 말며, 빙 둘러싸인 곳에서는 즉각 계책을 세우며, 사지에서는 즉시 결전한다.

孫子曰, 凡用兵之法, 將受命於君, 合軍聚衆,
손자왈 범용병지법 장수명어군 합군취중

圮地無舍, 衢地合交, 絶地無留, 圍地則謀, 死地則戰.
비지무사 구지합교 절지무류 위지즉모 사지즉전

일의 성격에 따라 어떤 경우에는 느긋하게 처리해도 되지만, 어떤 경우에는 재빨리 처리해야 할 때가 있다. 대체로 모든 판단은 신속히 하는 것이 좋다. 소프트뱅크의 손정의는 성공 확률이 70%가 된다고 판단되면 즉각 실천에 옮기라고 했고, 걸프 전쟁을 지휘했던 콜린 파월 미 합참의장도 모든 정보를 기다리지 말고 70% 정도가 들어오면 즉각 판단해서 결행하라고 강조했다. 신속성이 중요한 성공 요건인 것이다.

死地

死	地	則	戰

삶의 원칙을 세워라

길이라도 가지 말아야 할 길이 있고, 군대라도 치지 말아야 할 군대가 있고, 성이라도 공격하지 말아야 할 성이 있고, 땅이라도 다투지 말아야 할 땅이 있고, 군주의 명령이라도 든지 말아야 할 바가 있다.

途有所不由,軍有所不擊,城有所不攻,地有所不爭,君命有所不受.
도유소불유   군유소불격   성유소불공   지유소부쟁   군명유소불수

君	命	有	所	不	受

여기서 가장 조심해야 할 것은 마지막에 있는 "군주의 명령이라도 듣지 말아야 할 바가 있다"는 말이다. 당시 상황에서 군주의 명령을 듣지 않는다면 죽은 목숨이나 마찬가지다. 그러나 그렇게 해야 할 때가 있다는 것이다. 손자는 이 부분에 대해 오랫동안 고민한 듯하다. 1972년에 발굴된 은작산의 『손자병법』 죽간을 보면, 이 대목에 대해 상세히 설명하고 있다. 오해를 줄이기 위해서이다. 언제 군주의 명령을 따르지 않아야 하는가? 앞에 제시한 네 가지 경우를 군주가 잘 모르고 명령을 내렸을 때는 이를 듣지 않아도 된다는 말이다. 그 명령을 그대로 따랐다가는 군대를 전멸시킬 수 있기 때문이다.

우리는 직장 생활을 하면서도 이런 경우를 만날 때가 있다. 상사의 부당한 명령에 어떻게 대응해야 하느냐의 문제이다. 그 명령을 따르면 회사에 큰 손해를 끼치게 된다. 그러나 그 명령을 따르지 않으면 명령불복종으로 괘씸죄에 걸려 출세에 지장이 있다. 이럴 때는 어떻게 해야 하는가? 내가 죽든지, 아니면 회사가 죽든지 둘 중 하나를 택해야 한다. 그래서 직언을 하면 내가 죽고 직언을 하지 않으면 조직이 죽는다는 말이 있다. 보다 현명한 방법이 있다면, 상사에게 충분히 상황을 설명한 후 명령을 거둬들이게 하는 것이다. 그런데 이것이 결코 쉽지 않다. 그러므로 스스로에게 물어봐야 한다. 과연 나는 선택의 기로에서 분명한 행동을 취할 수 있는 삶의 원칙을 가지고 있는가?

다양한 전술 변화를 익혀라

그러므로 장수가 수많은 전술 변화의 이로움에 통달하면 용병의 법을 잘 안다고 할 수 있다. 장수가 전술 변화에 통달하지 못한다면 비록 지형을 알지라도 그 지형을 유리하게 사용하지 못할 것이다. 군대를 다스림에 있어서 전술 변화의 방법을 잘 알지 못하면 비록 몇 가지의 유리한 점을 알더라도 군사력을 효과적으로 쓰지 못할 것이다.

故將通於九變之利者, 知用兵矣.
고 장 통 어 구 변 지 리 자   지 용 병 의

將不通於九變之利者, 雖知地形, 不能得地之利矣.
장 불 통 어 구 변 지 리 자   수 지 지 형   불 능 득 지 지 리 의

治兵不知九變之術, 雖知五利, 不能得人之用矣.
치 병 부 지 구 변 지 술   수 지 오 리   불 능 득 인 지 용 의

여러 상황에 맞게 전술 변화를 잘해야 지형도 유리하게 이용할 수 있고, 군사도 효과적으로 부릴 수 있다.

좋은 일은 미리 당겨 생각하라

이런 까닭으로 지혜로운 사람은 반드시 이로움과 해로움의 양면을 함께 고려하니, 이로움과 해로움이 섞여 있는 가운데서 이로움을 충분히 고려하면 임무 완수에 대한 확신을 가질 수 있고, 해로움을 충분히 생각하면 그 안에 있는 걱정과 근심을 미리 풀 수 있다.

是故,智者之慮,必雜於利害,雜於利,故務可信也,雜於害,故憂患可解也.
시고 지자지려 필잡어리해 잡어리 이무가신아 잡어해 고우환가해야

포브스가 선정한 아시아 최고의 부자인 리카싱의 경영철학은 명확하다. "경기가 좋을 때도 지나치게 낙관적이지 않고, 경기가 나쁠 때도 지나치게 비관적으로 받아들이지 않는다." 어떤 일에도 그 안에는 좋고 나쁨이 섞여 있다. 좋은 것을 생각하면 신이 나서 열심히 일을 할 수 있고 기분도 좋아진다. 그러나 나쁜 것을 생각하면 우울해지지만, 그것을 미리 파악함으로써 나중에 더 큰 문제가 되는 것을 막을 수 있다. 여기에 삶의 지혜가 있다. 우울하고 기운이 빠질 때는 앞으로 있을 좋은 일을 상상하는 것이 도움이 된다. 한 달 후에는 휴가가 있다. 두 달 후에는 아기가 태어난다. 석 달 후에는 졸업이다. 상상은 자유다. 좋은 일을 미리 당겨 상상하라. 현재의 고난을 이기게 해주는 최고의 명약이 될 것이다.

이로움과 해로움

이런 까닭으로, 적국의 제후를 굴복시키려면 굴복하지 않을 때 받을 수 있는 해로움을 보여주고, 적국의 제후를 부리려면 성가신 일거리를 만들어주고, 적국의 제후를 바쁘게 뛰어다니게 하려면 이로움을 보여준다.

是故, 屈諸侯者以害, 役諸侯者以業, 趨諸侯者以利.
시 고　　굴 제 후 자 이 해　　　역 제 후 자 이 업　　　추 제 후 자 이 리

이로움과 해로움을 잘 이용하면 경쟁자를 내 의지대로 움직이게 할 수 있다. 이로움은 탐하고 해로움은 피하고자 하는 심리 때문이다. 사람은 대체로 이익 앞에 약한 법이다. 그래서 한비자는 사람은 이익에 따라 움직인다고 했다. 그러나 명심할 것은 잘나갈 때 위기를 생각해야 한다는 점이다. 정작 위기가 닥쳤을 때는 이미 늦다. 모든 상황이 좋은 지금 위기의식을 가지고 준비해야 한다. 그러면 위기 상황에 직면해도 마음의 여유를 가지고 대처할 수 있다. 어떤 사건이 발생하면 그 일로 인해서 누가 이익을 보게 되는지를 파악하면 대체로 범인이 나온다. 모든 일은 이익이 그 속에 깔려 있기 때문이다. '쿠이보노(Cui bono)' "이익을 보는 사람이 누구인가?"라는 라틴어다. 이 말의 어원은 키케로가 로마의 부호 로스키우스 살해 사건에서 유력한 용의자로 떠오른 그의 아들 로스키우스 2세를 변호하며 배심원들에게 외친 말이다. 키케로는 이 사건을 명쾌하게

해결함으로써 명성을 얻었다. 해(害)를 입으면 반드시 누군가는 이
(利)를 얻는다. 반대로 이를 얻는 사람이 있으면 누군가는 해를 입는
다. 이로움과 해로움의 관계를 잘 생각하면 풀리지 않았던 문제들
이 풀리기 시작한다.

전쟁이 날까?

그러므로 용병의 법은, 적이 오지 않으리라는 것을 믿지 말고, 나에게 적이 올 것에 대한 대비가 되어 있음을 믿어야 하며, 적이 공격하지 않으리라는 바람을 믿지 말고, 나에게 적이 감히 공격하지 못하게 할 만한 준비가 되어 있음을 믿을 수 있어야 한다.

故用兵之法, 無恃其不來, 恃吾有以待也, 無恃其不攻, 恃吾有所不可攻也.
고 용 병 지 법   무 시 기 불 래   시 오 유 이 대 야   무 시 기 불 공   시 오 유 소 불 가 공 야

나라에 무슨 일이 생기면 흔히 하는 질문이 있다. "전쟁이 나겠는

無	恃	其	不	攻	恃	吾	有	所	不	可	攻

가?" 아무도 모른다. 전쟁을 벌이는 측에서 결정할 일이다. 여기에 중요한 점이 있다. 언제 전쟁이 벌어질지라도 평소 그것을 막을 준비가 되어 있어야 한다는 것이다. 이것이 바로 유비무환(有備無患)이다.『손자병법』전체를 통틀어 적이 공격해올 것에 대비하는 방어적, 수세적인 어구는 이것이 유일하다. 그만큼『손자병법』은 본질적으로 공격적이며 도전적인 병법이다.

임진왜란이 발발하자, 이순신 장군은 '강구대변(江口待變)', 즉 "강 입구에서 사변에 대비하고 있다"는 내용의 글을 적어 조정에 올려 보냈다. 또 그는 '침과(枕戈)'라는 말을 자주 사용했는데, 이는 "창을 베개로 삼는다"는 뜻이다. 이 두 가지 말은 언제라도 출동할 수 있는 비상대기 태세를 갖추고 있다는 의미다. 기업 경영에도 이 어구를 응용해볼 수 있다. 절대로 문제가 없을 것이라는 생각을 버려라. 예상치 않은 문제에 대응할 준비를 갖추어라. 내가 하는 일에 반대가 없을 것이라는 기대를 하지 마라. 어떤 돌발 상황에서도 완벽하게 처리할 수 있는 문제해결 능력을 갖춰라.

올바른 배수진을 쳐라

그러므로 장수에게 다섯 가지 위험한 성격이 있으니, 반드시 죽고자 하면 죽을 수 있고,

故將有五危, 必死, 可殺也,
고 장 유 오 위   필 사   가 살 야

將	有	五	危

죽으려고 하면 정말 죽을 수 있다. 이 말은 전략도 없이, 그저 무모하게 죽으려고 달려들면 죽을 수 있다는 뜻이다. 중국의 한신 장군은 조나라를 정벌하려 할 때 정형구에 배수진(背水陣)을 쳤다. 이때 그는 주력부대로 강을 등지게 배치했지만, 별도의 기병 2,000명을 몰래 빼내 텅 빈 조나라의 성을 점령하도록 했다. 비록 배수진을 친 주력부대는 죽을 각오로 싸웠지만, 실제로는 살 수 있는 전략을 준비한 것이었다. 신립 장군은 탄금대에서 배수진을 쳤다. 그러나 일본군의 공격에 부대 전체가 무너지고, 그 자신도 자결하고 말았다. 살 수 있는 전략을 준비하지 못했기 때문이다. 두 사람 모두 죽을 태세를 만들었지만 한신은 살 수 있는 전략을 준비했고, 신립은 그렇게 하지 못했다. 그것이 엄청난 차이를 가져온 것이다. 그 자신이 죽는 것은 그렇다 치더라도 그를 따르는 수많은 사람들이 죽게 되니 그것이 문제다.

명량대첩을 치를 때 이순신 장군은 '필사즉생(必死卽生)'의 유명한 연설을 했다. 반드시 죽기로 싸우면 살 수 있다는 말이다. 단 12척의 전선으로 133척을 상대해야 했던 당시에는 살 수 있는 전략을 구상할 수 없었다. 무언가를 도모하기에는 전선이 너무 적었기 때문이다. 모두가 한마음으로 죽기로 싸우는 것만이 살 수 있는 유일한 전략이었던 셈이다. 필사가살, 배수진, 상황에 따라 잘 분별해서 이해해야 한다.

약삭빠른 처세는 오래 못 간다

반드시 살고자 하면 포로가 될 수 있고,

必生, 可虜也,
필 생   가 로 야

자기만 살려고 버둥거리는 사람이 있다. 그런 사람은 언젠가는 자기가 친 덫에 걸리고 만다. 이것을 두고 제 덫에 걸린다고 말한다. 약삭빠른 처세는 잠시는 먹혀들지 몰라도 결코 오래가지 못한다.

욱하는 성질 죽이기

급하게 성을 내면 업신여김을 당할 수 있고,

忿速, 可侮也,
분 속 가 모 야

직장 생활을 하면서 가장 조절하기 힘든 부분이 바로 별것 아닌 일에도 욱하고 성질이 나는 것을 참는 일이다. 욱하는 성질만 누를 수 있다면 그 사람은 인생의 절반을 성공한 것이나 다름없다. 어떻게 하면 욱하는 성질을 누를 수 있는가? 사실상 방법이 없다. 그저 참는 것이다. 참는 것이 어렵다면 어떻게 할 것인가? 그래도 참는 것이다. 그러므로 우리는 날마다 참는 연습을 해야 한다. 성질내는 것도 습관이 된다. 나중에는 별것 아닌 일에도 욱하게 된다. 화나는 것을 참으면 병이 된다고 말하는 사람이 있다. 그런데 화를 참을 때 얻는 병보다 화를 냈을 때 얻는 병이 훨씬 더 심각하다는 것을 아는가? 그보다 더 나쁜 것은, 참으면 나만 병이 생길지 몰라도 욱하고 성질을 내면 다른 사람이 상처를 입게 된다는 사실이다. 글은 수정이 가능하지만 한번 뱉은 말은 회수할 수 없고, 날카로운 비수가 되어 여린 마음의 깊은 곳을 찌른다. 그래서 글보다 말이 무섭다는 것이다. 주자는 "분노를 모르는 사람은 어리석다. 그러나 분노를 알면서도 그것을 참을 줄 아는 사람은 현명하다"고 말했다. 새겨둘 말이다.

내 주변에 사람이 얼마나 있는가?

지나치게 깨끗하고자 하면 수치심을 당할 수 있고,

廉潔, 可辱也.
염 결   가 욕 야

지나치게 깨끗한 조직은 면역력이 없는 생명체처럼 오히려 취약해 진다는 말이 있다. 적당한 세균도 필요하다는 얘기다. 그러므로 결벽증에 가까울 정도로 자기 자신을 깨끗하게 유지하려는 사람은 문제가 된다. 경쟁자가 이를 이용해서 나쁜 소문을 퍼뜨리면 수치심에 쉽게 무너질 수 있기 때문이다. 위기를 만나면 그 사람을 정확하게 진단할 수 있다. 평소에는 그렇게 사람들에게 둘러싸여 있었는데 어떤 문제가 터졌을 때 한 명도 옆에 붙어 있지 않다면, 그는 잘못 살아온 것이다. 내 주변에 사람이 얼마나 있는가? 내가 폭삭 망했을 때 곁에 있어 줄 사람이 얼마나 되겠는가? 진정한 친구는 어려울 때 알 수 있다.

분별없는 사랑은 모두를 죽인다

백성을지나치게아끼면번거로울수있다.

愛民,可煩也.
애 민   가 번 야

우유부단한 장수는 부하들이 고생할까봐 꼭 필요한 명령조차 내리
기를 꺼린다. 그것을 부하 사랑이라고 착각하기 때문이다. 그러다
가는 자신도 죽고 부하들도 죽게 된다. CEO는 필요할 때는 엄격해
야 한다. 부하 직원을 사랑한다고 해서 그들에게 꼭 필요한 훈계조
차 꺼린다면 문제가 된다. 부모가 자식을 사랑한다고 해서 따끔하
게 혼을 내야 할 때 내지 못한다면 결국 자식을 망치게 되고, 자칫
부모도 자식 손에 잘못될 수 있다. 이런 일은 오늘날 우리 사회에서
수시로 일어나는 현실이다. 분별없는 사랑은 모두를 죽인다. 참사
랑은 매를 대는 것이다. 매라고 해서 꼭 회초리를 의미하는 것은 아
니다. 따끔한 훈계도 매인 것이다. 리더가 우유부단한 것처럼 조직
에 불행을 가져다주는 일은 없다. 우유부단은 무능함과 비효율의
다른 모습이다. 그 자체가 실패라고 말할 수 있다.

성격이 운명을 좌우한다

무릇 이 다섯 가지는 장수의 허물이요 용병의 재앙이다. 군대를 무너뜨리고 장수를
죽게 하는 것은 반드시 다섯 가지 위태로운 일 때문이니 살피지 않을 수 없다.

凡此五者,將之過也,用兵之災也.覆軍殺將,必以五危,不可不察也.
범차오자　　장지과야　　용병지재야　　복군살장　　필이오위　　불가불찰야

장수가 가질 수 있는 다섯 가지 위험한 성격은 오늘날 누구에게나 해당된다. 단지 그 정도의 차이가 있을 뿐이다. 왜 이러한 성격들이 위험한가? 극단적이기 때문이다. '반드시'라는 뜻의 필(必)이 앞에 붙어 있지 않은가. 반드시 무엇을 해야겠다고 하는 고지식한 성격을 가진 사람은 어떤 경우에는 필요하지만, 어떤 경우에는 매우 위험할 수 있다. 리더가 '반드시'를 좋아하면 조직원들은 고통을 받게 된다. 세상에 '반드시'라는 것은 없다.

오늘날 많은 사람들이 얼굴을 성형한다. 그런데 얼굴은 성형할 수 있어도 성격은 성형할 수 없다. 그만큼 한번 형성된 성격은 고치기 어렵다. 서양 속담에 "사람의 성격을 바꾸는 것은 기린의 얼룩무늬를 바꾸는 것과 같다"는 말이 있다. 성격을 성형할 수 있다면 얼마나 좋을까. 많은 사람에게 영향을 주는 리더는 자신의 성격에 대해 늘 생각해봐야 한다. 손자가 말한 다섯 가지의 위험한 성격이 없는가? 이와 더불어 너무 고압적이지 않은가? 너무 독단적이지 않은가? 예측하기 어렵고 괴팍한 성격을 좋아하는 사람은 아무도 없다. 사람에 대한 신뢰는 예측이 가능할 때 생기는 것이다. 성격이 운명을 좌우할 정도로 중요하다. 어렵겠지만 최대한 노력해서 나쁜 성격을 버려라. 그래야 나도 살고 조직도 산다.

주변을 잘 살펴라

제9편 행군行軍

험한 세상 건너기 | 새것은 없다 | 용병의 기본 | 작은 징후도 놓치지 마라

평소와 다를 때는 조심하라 | 피하는 것도 전략이다

다른 행동을 보이면 의심하라 | 일의 성공은 숫자에 달려 있지 않다

상벌 시행은 신뢰다 | 규율은 습성화되어야 한다

前死後生 전사후생

앞은 죽기로 싸워야하는 지형, 뒤는 살 수 있는 지형

無約而請和者 謀 무약이청화자 모

아무런 약속이 없는데 화청을 요구하면 무슨 계략이 있다.

兵非多益 병비익다

병력이 많다고 좋은 것은 아니다.

卒未親附而罰之 則不服 졸미친부이벌지 즉불복

이미 병사와 친해졌는데도 벌을 주지 않으면 불복종하게 된다.

험한 세상 건너기

손자가 말하기를, 군대를 배치하고, 적과 마주함에 있어서, 산을 통과할 때는 계곡을 따라 움직이고, 산에서 진을 칠 때는 해를 바라보는 높은 곳에 위치하며, 높은 곳에 있는 적과 싸우기 위해 거슬러 오르지 말아야 하니, 이것이 산에 있는 군대가 싸우는 요령이다. 강을 건너면 반드시 강에서 멀리 떨어지고, 적이 강을 건너면 물속에서 맞아 싸우지 말고, 반쯤 건너게 한 뒤에 공격하면 유리하다. 싸우기를 원하면, 물가에 바짝 붙어 싸우지 말고, 해를 보면서 높은 곳에 위치하여, 물 흐름을 거스르지 말아야 하니, 이것이 물가에 있는 군대가 싸우는 요령이다.

孫子曰, 凡處軍, 相敵, 絶山依谷, 視生處高, 戰隆毋登, 此處山之軍也.
손자왈   범처군   상적   절산의곡   시생처고   전륭무등   차처산지군야

絶水必遠水, 客絶水而來, 勿迎之於水內, 令半濟而擊之, 利,
절수필원수   객절수이래   물영지어수내   영반제이격지   리

欲戰者, 無付於水而迎客, 視生處高, 無迎水流, 此處水上之軍也.
욕전자   무부어수이영객   시생처고   무영수류   차처수상지군야

살다보면 여러 가지 상황을 만나게 된다. 높은 산을 오를 때도 있고, 물속으로 들어가야 할 때도 있다. 모든 경우를 동시에 해결할 수 있는 특별한 원칙은 없다. 단지 어떤 상황을 만나든 섣불리 행동해서는 안 된다. 숨을 고르고, 주변을 한 번 살펴보고, 최적의 방법을 선택해야 한다. 분명한 것은 땀과 희생 없는 열매는 없다는 것이다. 땀을 흘린 만큼, 뭔가 노력하고 투자한 만큼 이루어지는 것이다.

虛山

새것은 없다

소택지를 지날 때는, 오직 빨리 지나가고 머뭇거리지 말아야 하니, 만약 소택지 속에서 전투를 하게 되면 반드시 수초에 가까이 붙고 숲을 등진 상태로 싸울지니, 이것이 소택지에 있는 군대가 싸우는 요령이다. 평지에서는 평탄한 곳에 위치하고, 주력 부대는 높은 지역을 등에 지고 주둔한다. 앞은 낮게 뒤는 높게 지형을 택하니 이것이 평지에 있는 군대가 싸우는 요령이다. 무릇 이 네 가지 지형의 이용법은 고대 전설적인 군주였던 황제가 주변에 있던 네 명의 왕들을 굴복시킨 이치다.

絶斥澤, 惟亟去無留, 若交軍於斥澤之中, 必依水草而背衆樹,
절 척 택　　유 극 거 무 류　　약 교 군 어 척 택 지 중　　필 의 수 초 이 배 중 수
此處斥澤之軍也, 平陸處易, 而右背高, 前死後生, 此處平陸之軍也.
차 처 척 택 지 군 야　　평 륙 처 이　　이 우 배 고　　전 사 후 생　　차 처 평 륙 지 군 야
凡此四軍之利, 黃帝之所以勝四帝也.
범 차 사 군 지 리　　황 제 지 소 이 승 사 제 야

여기에 나오는 황제(黃帝)는 고대 중국의 전설적인 왕이다. 그의 신하들 중 풍후(風后)라는 책사가 있었는데, 그는 『악기경(握奇經)』이라는 병법서를 집필했다. 황제는 『악기경』의 가르침에 따라 주변에 있던 네 명의 맹주들을 하나씩 격파했을 것이다. 공교롭게도 『악기경』은 13편으로 구성되어 있는데, 손자는 이에 착안해서 13편으로 자신의 병법서를 만들었는지도 모른다. 그리고 황제가 싸운 병법을 소개하고 있다. 해 아래에 새것은 없다.

黃帝

용병의 기본

무릇 군대가 주둔할 때는 높은 곳이 좋고 낮은 곳은 나쁘다. 양지바른 곳은 좋고 음지가 있는 곳은 나쁘다. 풀이 있는 곳에서 말을 먹이고 쾌적한 곳에서 병사들을 쉬게 한다. 이렇게 하면 군대에 병이 없을 것이니, 이것을 일러 반드시 이기는 태세라 한다. 구릉과 제방에서는 반드시 해가 비치는 곳에 자리를 잡되, 주력부대가 구릉과 제방을 등지게 한다. 이것이 용병의 이점을 살리는 것으로서 지세가 보조해주기 때문이다. 상류에 비가 와서 물거품이 떠내려오면 건너지 말고 물이 안정될 때까지 기다린다. 깎아지른 산골짜기 계곡, 움푹 들어간 곳, 빠져 나오기 힘든 곳, 초목이 빽빽이 우거진 곳, 질퍽질퍽하여 빠지는 곳, 좁고 구덩이가 많은 곳을 지날 때는 반드시 빨리 지나가고 가까이해서는 안 된다. 위에서 말한 여섯 가지 지형을 아군은 멀리하고, 적군은 가까이하게 하며, 아군은 마주보고, 적군은 등지게 한다.

凡軍好高而惡下, 貴陽而賤陰, 養生而處實, 軍無百疾, 是謂必勝.
범 군 호 고 이 오 하　　귀 양 이 천 음　　양 생 이 처 실　　군 무 백 질　　시 위 필 승

丘陵堤防, 必處其陽, 而右背之, 此兵之利也, 地之助也.
구 릉 제 방　　필 처 기 양　　이 우 배 지　　차 병 지 리 야　　지 지 조 야

上雨, 水沫至, 止涉, 待其定也.
상 우　　수 말 지　　지 섭　　대 기 정 야

絶天澗, 天井, 天牢, 天羅, 天陷, 天隙, 必亟去之, 勿近也.
절 천 간　　천 정　　천 뢰　　천 라　　천 함　　천 극　　필 극 거 지　　물 근 야

吾遠之, 敵近之, 吾迎之, 敵背之
오 원 지　　적 근 지　　오 영 지　　적 배 지

전쟁을 하든 사업을 하든 일단 시작했다면 성공해야 한다. 전쟁 현장이나 사업 현장은 이론이 아니라 현실이다. 성공의 대원칙이 있다. 그것은 어떤 경우든 유리한 일은 택하고 불리한 일은 피하라는 것이다.

작은 징후도 놓치지 마라

군대 주변에 험준한 땅, 웅덩이, 갈대숲, 무성한 수풀이 있으면, 반드시 신중하게 반복해서 수색해야 하니, 이런 곳은 복병이 숨어 있기 때문이다. 적이 가까이 있으면서도 조용한 것은 지형의 험함을 믿기 때문이요, 적이 멀리 있으면서도 도발하는 것은 아군이 진격하기를 바라기 때문이다. 숙영하고 있는 곳이 평탄한 곳이면 유리하고, 많은 나무가 움직이는 것은 적이 오는 것이며, 풀밭에 보행을 방해하는 여러 가지 장치나 무기나 장비 유기물 등 장애물이 많은 것은 의심을 불러일으키려는 것이다. 새가 날아오르는 것은 복병이 있는 것이요, 짐승이 놀라 달아나는 것은 적이 수색하고 있기 때문이다.

軍旁有險阻, 潢井, 葭葦, 小林, 翳薈者, 必謹覆索之, 此伏姦之所也.
군방유험조 황정 가위 소림 예회자 필근복색지 차복간지소야

敵近而靜者, 恃其險也. 敵遠而挑戰者, 欲人之進也.
적근이정자 시기험야 적원이도전자 욕인지진야

其所居易者, 利也. 衆樹動者, 來也. 衆草多障者, 疑也.
기소거이자 리야 중수동자 래야 중초다장자 의야

鳥起者, 伏也. 獸駭者, 覆也.
조기자 복야 수해자 복야

지금부터는 작은 징후를 보면서 실상을 유추하는 법이 나오는데, 그 종류가 32가지나 된다. 평소보다 뭔가 다른 것이 보이면 의심하고, 주의 깊게 관찰하는 것이 필요하다. 잘 알려진 하인리히 법칙은, 한 건의 큰 사고가 발생하기 이전에는 이와 관련된 작은 사고가 29건, 작은 사고 이전에 사소한 징후들이 무려 300번이나 나타난다는 것이다. 이를 1대 29대 300의 법칙으로 표현한다. 아무리 작은 징후라

도 그냥 지나치지 마라. 겉으로 보이는 것을 통해 보이지 않는 것을 볼 수 있어야 한다. 그러기 위해서는 본질을 꿰뚫는 통찰력을 가져야 한다. 그런 통찰력은 스스로 노력할 때 만들어진다. 통찰력을 가진다면 시행착오를 거치지 않고도 일을 이룰 수 있다. 성공자와 실패자의 차이는 바로 이런 데서 나온다.

평소와 다를 때는 조심하라

먼지가 날카롭게 피어오르는 것은 적의 전차대가 오는 것이고, 먼지가 낮고 넓게 깔리는 것은 보병이 오고 있는 것이며, 먼지가 여러 곳에서 가늘게 일어나는 것은 땔나무를 하고 있는 것이고, 먼지가 조금씩 피어오르고 왔다 갔다 하면 숙영 준비를 하고 있는 것이다. 사신이 말로는 자신을 낮추면서도 더욱 많이 준비하는 것은 진격을 하려는 것이요, 말이 강경하면서 당장 진격하려는 듯이 하는 것은 오히려 물러가려는 것이다. 경전차가 먼저 나와서 양측에서는 것은 진형을 갖추는 것이요, 아무 약조도 없이 강화를 청하는 것은 어떤 모략이 있는 것이요, 분주히 뛰어다니며 병력과 전차를 배열하는 것은 전투를 기하려는 것이요, 반쯤 전진했다가 반쯤 후퇴하는 것은 아군을 유인하려는 것이다.

塵高而銳者, 車來也. 卑而廣者, 徒來也. 散而條達者, 樵採也.
진 고 이 예 자　　차 래 야　　비 이 광 자　　도 래 야　　산 이 조 달 자　　초 채 야

少而往來者, 營軍也.
소 이 왕 래 자　　영 군 야

辭卑而益備者, 進也. 辭强而進驅者, 退也.
사 비 이 익 비 자　　진 야　　사 강 이 진 구 자　　퇴 야

輕車先出, 居其側者, 陳也. 無約而請和者, 謀也. 奔走而陳兵車者, 期也.
경 차 선 출　　거 기 측 자　　진 야　　무 약 이 청 화 자　　모 야　　분 주 이 진 병 차 자　　기 야

半進半退者, 誘也.
반 진 반 퇴 자　　유 야

평소와 다른 모습, 과장된 모습, 지나치게 친절한 모습을 보이면 그 사람의 마음속에 꿍꿍이가 있는 것이다.

피하는 것도 전략이다

무기나 나무 막대기 등 지팡이에 기대어 서 있는 것은 굶주린 것이요, 물을 길으면서 먼저 물을 마시는 것은 목이 마르다는 것이요, 이익을 보고도 진격하지 않는 것은 피로하다는 것이다. 새가 모이는 것은 진영이 텅 비어 있음이요, 한밤중에 소리를 지르는 것은 겁에 질려 있다는 것이요, 군이 어지러운 것은 장수가 위엄이 없는 것이다. 깃발이 흔들리는 것은 혼란에 빠진 것이요, 간부가 성을 내는 것은 부하들이 게으르기 때문이다. 군량을 말에게 먹이고, 그 말을 잡아 고기를 먹으며, 물항아리를 깨뜨려 없애버리고, 막사로 돌아오지 않는 것은, 궁지에 몰려 죽음을 각오하고 싸우려는 것이다.

仗而立者, 飢也. 汲役先飮者, 渴也. 見利而不進者, 勞也.
장이립자　기야　급역선음자　갈야　견리이부진자　노야

鳥集者, 虛也. 夜呼者, 恐也. 軍擾者, 將不重也.
조집자　허야　야호자　공야　군요자　장부중야

旌旗動者, 亂也. 吏怒者, 倦也.
정기동자　난야　이노자　권야

粟馬肉食者, 軍無懸瓿, 不返其舍者, 窮寇也.
속마육식자　군무현부　부반기사자　궁구야

'파부침주(破釜沈舟)'는 항우가 진(秦)나라와 거록(鋸鹿)에서 싸울 때, 강을 건너는 배를 가라앉히고 솥과 시루를 깨뜨려 죽을 각오로 싸워 크게 이긴 데서 연유한 말이다. 이렇게 궁지에 몰려 죽을 각오로 덤비는 적과 싸우면 많은 피해를 입게 된다. 이럴 때는 잠시 피하는 것도 한 방법이다. 삼십육계 병법의 마지막 36계가 주위상(走爲上)인데, 도망가는 것이 최고라는 뜻이다. 일단은 피해야 무모한 희생을 막아 다음을 기약할 수 있다.

다른 행동을 보이면 의심하라

장수가 부하들에게 명령할 때 간곡한 어조로 아부하듯이 말하고 자신감 없이 느린 말로 더듬더듬하는 것은 병사들의 신망을 잃었기 때문이요, 자주 상을 주는 것은 궁색해졌기 때문이요, 자주 벌을 주는 것은 어려워졌기 때문이요, 난폭하게 한 후에 부하들을 겁내는 것은 장수 자신의 임무에 지극히 충실하지 못한 처사다. 사자가 와서 좋은 말로 사과를 하는 것은 휴식을 원하기 때문이다. 적이 분노한 채로 달려와 서로 마주했지만, 오랫동안 싸우지 않고 또한 떠나지도 않으면 반드시 신중하게 살펴보아야 한다.

諄諄翕翕, 徐與入入者, 失衆也. 數賞者, 窘也. 數罰者, 困也.
순순흡흡   서여입입자   실중야   삭상자 군야 삭벌자   곤야

先暴而後畏其衆者, 不精之至也.
선폭이후외기중자   부정지지야

來委謝者, 欲休息也. 兵怒而相迎, 久而不合, 又不相去, 必謹察之.
내위사자   욕휴식야 병로이상영 구이불합 우불상거 필근찰야

그렇게 기세가 등등하던 사람이 갑자기 상냥해질 때는 분명히 어떤 문제가 생긴 것이다. 평소와 다른 행동이 발견되면 반드시 그 속을 살펴봐야 한다.

세심한 관찰은 새로운 발견으로 이어질 수 있다. 평소와 다른 일이 발생되면 자세히 들여다보자. 19세기 중반 프랑스의 한 염색공장에서 일어난 일이다. 한 여직원이 등유가 든 램프를 옮기다가 그만 실수해서 염색테이블 위에 떨어뜨렸다. 순간 램프가 깨지면서 등유가 쏟아져 나왔다. 작업은 중단되었고 직원들이 이것을 보며 투덜거렸다. 그런데 공장의 대표였던 장 밥티스트 졸리는 이 장면을 눈여겨

봤다. 작업대를 덮고 있는 테이블보는 염색작업으로 얼룩이 져 있었는데 등유가 묻은 부분만 얼룩이 지워져 가고 있었던 것을 발견했다. 이 세심한 관찰이 곧 오늘날 세탁의 역사를 바꿔버린 드라이클리닝을 탄생하게 한 것이다. 평상시와 다른 행동, 다른 일이 벌어지면 그냥 지나치지 말고 세심하게 관찰하라.

일의 성공은 숫자에 달려 있지 않다

병사가많다고해서이로운것이아니라다만무력을믿고함부로나아가지말아야
하니,힘을충분히모으고,적정을살피며,병사들의마음을얻으면될따름이다.무릇
깊이생각하지않고적을가벼이여기는장수는반드시적에게사로잡힌다.

兵非多益,惟無武進,足以幷力,料敵,取人而已.
병 비 다 익   유 무 무 진   족 이 병 력   요 적   취 인 이 이

夫惟無慮而易敵者,必擒於人.
부 유 무 려 이 이 적 자   필 금 어 인

사람이 많다고 해서 성공하는 것은 아니다. 사람이 많으면 그만큼
경비도 더 들어간다. 기업을 경영하는 데 인건비는 언제나 부담이
다. 적정 인원이 좋다. 많은 사람이 일을 하는 것이 아니라 제대로
된 정예요원이 일을 하는 것이다. 그러므로 사람을 잘 뽑아야 하고,
인재가 다른 곳으로 빠져나가지 않도록 관심을 가져야 한다. 척추
와 골반을 바로 잡는 의료용 속옷인 닥터 코르셋을 생산하는 두드림
크리에이티브(주)의 이지혜, 엄태호 대표는 근래에 뼈아픈 경험을
했다. 미국을 비롯해서 많은 특허를 갖고 있는 제품이고 그 효과 또
한 매우 뛰어났기 때문에 순식간에 전국에 지사가 생겨났고 많은 이

익도 남겼다. 그런데 숫자가 늘어나는 만큼 부작용도 커지기 시작했다. 돈이 회수되지 않은 경우가 늘어났고, 심지어 배반하는 사례도 많아졌다. 그래서 밑바닥까지 추락하는 고통을 겪어야 했다. 그래서 이들은 과감하게 결단을 내려 구조조정에 들어갔다. 전국의 지사를 다 폐업시키고 다시 제대로 된 사람을 지사장으로 앉혀 하나씩 다시 시작한 것이다. 무엇보다도 사람의 인성을 우선으로 했다. 비록 시간은 걸렸지만 하나씩 자리를 잡아가기 시작했다. 이제는 아주 탄탄한 회사로 거듭났고 수익도 늘어나기 시작했다. 확실히 일의 성공은 숫자에 달려있지 않았던 것이다. 제대로 된 사람이 답이었다.

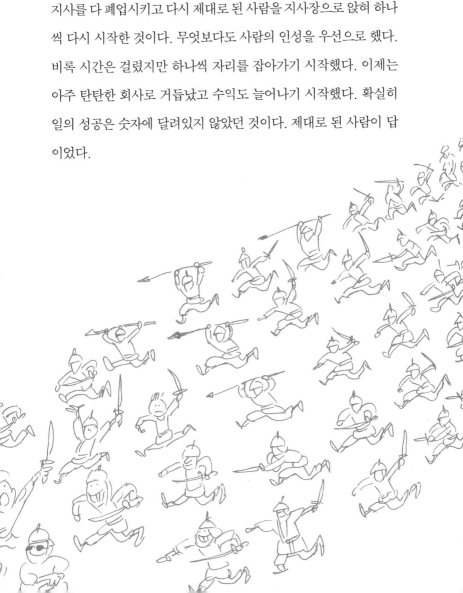

상벌 시행은 신뢰다

사졸들이 아직 친하지도 순종하지도 않은 상태인데 벌을 주면 복종하지 않게 되고, 복종하지 않게 되면 쓰기 어렵다. 사졸들이 이미 친하게 되고 순종하는데도 잘못에 대해 벌을 주지 않으면 이 또한 쓸 수 없다.

卒未親附而罰之, 則不服, 不服則難用. 卒已親附而罰不行, 則不可用也.
졸미친부이벌지   즉불복   불복즉난용   졸이친부이벌불행   즉불가용야

상벌을 엄격하게 시행하는 것은 리더의 신뢰와 직결되기 때문에 중요하다. 상벌을 시행하는 것을 보면 리더가 어떤 사람인지 금방 알게 된다.

규율은 습성화되어야 한다

그러므로 장수는 부드러움과 너그러움으로써 사졸들의 마음을 합하고, 엄한 형벌로써 군기를 잡으니, 이렇게 하는 것을 일러 반드시 사졸의 마음을 얻는다고 한다. 장수가 평소에 행하던 대로 명령하여 부하들을 가르치면 부하들이 복종할 것이며, 평소에 행하지 않던 것을 명령하여 부하들을 억지로 가르치려 한다면 부하들이 복종하지 않을 것이니, 평소에 행하던 대로 명령을 하면 부하들이 기꺼이 복종하는 이유는 그들과 더불어 마음이 하나가 되기 때문이다.

故合之以文, 齊之以武, 是謂必取.
고 합 지 이 문   제 지 이 무   시 위 필 취

令素行以敎其民, 則民服, 令素不行以敎其民, 則民不服, 令素行者,
영 소 행 이 교 기 민   즉 민 복   영 소 불 행 이 교 기 민   즉 민 불 복   영 소 행 자

與衆相得也.
여 중 상 득 야

군대든 회사든 지켜야 할 규율이 있다. 그것이 평소에도 잘 지켜지면 어떤 위기가 닥쳐도 변함없이 지켜진다. 그런데 평소에는 지켜지지 않다가 갑자기 어떤 일을 당하여 급하게 지키라고 명령한다면 제대로 이행되지 않을 것은 분명하다. 그러므로 군의 지휘관이나 기업의 경영자는 평소부터 규율을 잘 지킬 수 있도록 습성화하는 것이 중요하다. 그래야 한마음이 되어 어떤 위기가 와도 척척 해결해 나갈 수 있는 것이다.

주도권을 잡아라

제 10편 지 형 地形

戰道必勝 主曰無戰 必戰可

전도필승 주왈무전 필전가

싸움의 법칙에 반드시 이기면 비록 임금이

싸우지 말라고 해도 반드시 싸워도 좋다.

進不求名 退不避罪 진불구명 퇴불피죄

나아가도 공명을 위해서가 아니고 물러서도 죄를 피함이 아니다.

視卒如愛子 시졸여애자

부하 보기를 사랑하는 자식보듯하라.

知天知地 勝乃可全 지천지지 승내가전

하늘과 땅을 알게 되면 가히 승리는 온전해진다.

다양한 경쟁 환경

손자가 말하기를, 지형에는 통형, 괘형, 지형, 애형, 험형, 원형이 있다고 했다. 아군도 쉽게 갈 수 있고 적군도 쉽게 올 수 있는 곳을 통이라 한다. 통형에서는 먼저 높고 양지 바른 곳을 점거하고, 보급로를 이롭게 할 것이니, 그렇게 해서 싸우면 유리할 것이다. 갈 수는 있지만 돌아오기는 어려운 곳을 괘라고 한다. 괘형에서는 적이 대비하고 있지 않으면 나아가 이길 수 있으나, 적이 대비하고 있어 나아가 이기지 못한다면 되돌아오기 어려우니 불리하다.

孫子曰, 地形有通者, 有掛者, 有支者, 有隘者, 有險者, 有遠者.
손자왈   지형유통자   유괘자   유지자   유애자   유험자   유원자

我可以往, 彼可以來, 曰通. 通形者, 先居高陽, 利糧道, 以戰則利.
아가이왕   피가이래   왈통   통형자   선거고양   이량도   이전즉리

可以往, 難以返, 曰掛.
가이왕   난이반   왈괘

掛形者, 敵無備, 出而勝之. 敵有備, 出而不勝, 則難以返, 不利.
괘형자   적무비   출이승지   적유비   출이불승   즉난이반   불리

세상은 하루가 다르게 변하고 있다. 눈을 뜨는 순간 이미 어제의 오늘이 아닌 것이다. 앞서가는 사람은 언제나 새로운 환경에 주목한다. 뭘 보더라도 그 안에 무엇이 새로울 수 있는지 고민하게 된다. 주변을 돌아보라. 지금 보고 있는 태양은 사실은 8분 전의 것이다. 고정된 현재는 없다. 마찬가지로 기업의 경쟁 환경도 그렇게 다양하게 변한다. 그렇기 때문에 변하는 상황에 맞추어 가장 좋은 전략을 짜는 것이 경영자의 어려운 책무인 것이다.

地形

융통성 있게 운용하라

내가 나아가도 불리하고, 적이 나아가도 불리한 곳을 지라 한다. 지형에서는 적이 비록 나를 이로움으로 유인하더라도 내가 나아가서는 안 되고, 적을 유인하여 물러나 적으로 하여금 반쯤 나오게 한 후에 이를 공격하면 유리하다. 애형에서는 내가 먼저 위치하게 되면 반드시 그곳에 충분히 군사를 채우고 나서 적을 기다려야 한다. 만약 적이 먼저 위치하여, 군사를 채우고 있으면 쫓지 말아야 하고, 군사를 채우지 않았으면 쫓아 들어간다.

我出而不利, 彼出而不利, 曰支. 支形者, 敵雖利我, 我無出也, 引而去之,
아 출 이 불 리   피 출 이 불 리   왈 지   지 형 자   적 수 리 아   아 무 출 아   인 이 거 지

令敵半出而擊之利.
영 적 반 출 이 격 지 이

隘形者, 我先居之, 必盈之以待敵. 若敵先居之, 盈而勿從, 不盈而從之
애 형 자   아 선 거 지   필 영 지 이 대 적   약 적 선 거 지   영 이 물 종   불 영 이 종 지

갖가지 상황에 맞도록 조직을 해야 한다.

유능한 장수와 뛰어난 리더

험형에서는 내가 먼저 점거하면 반드시 높고 양지바른 곳을 차지하여 적을 맞이하고, 만약 적이 먼저 위치했으면 군사를 이끌고 물러나야 하며, 들어가서는 안 된다. 원형에서는 이해득실이 비슷하므로 싸움을 걸기가 어려우니, 억지로 먼저 싸우게 되면 불리하다. 무릇 이 여섯 가지는 지형 활용법으로 장수의 중요한 임무니 깊이 생각해야 한다.

險形者, 我先居之, 必居高陽以待敵, 若敵先居之, 引而去之, 勿從也.
　　험형자　아선거지　필거고양이대적　　약적선거지　　인이거지　물종야

遠形者, 勢均, 難以挑戰, 戰而不利.
　　원형자　세균　난이도전　전이불리

凡此六者, 地之道也, 將之至任, 不可不察也.
　　범차육자　지지도야　장지지임　불가불찰야

지형을 잘 이용하는 장수가 유능하다. 기업의 경우에는 어떠한 상황에서도 순식간에 분위기를 파악하여 재빨리 결단할 수 있는 사람이 유능한 리더이다.

망하는 조직은 따로 있다

그러므로 군대에는 주, 이, 함, 붕, 난, 배가 있는데, 무릇 이 여섯 가지는 자연의 재해가 아니라 장수의 잘못 때문에 생기는 것이다. 무릇 세력이 비슷한데 1로써 10을 공격하면 달아나게 되니 주(走)요, 병사들은 강한 데 비해 간부들이 약하면 통제가 되지 않아서 이(弛)요, 간부들은 강한 데 비해 병사들이 약하면 싸우면 무너질 수밖에 없어서 함(陷)이라 한다. 고급 간부가 화를 내면서 최고지휘관의 명령에 불복하고, 적을 만나면 원망하며 제멋대로 싸우는데, 장수가 그러한 성향을 모른다면 그러한 군대는 붕괴되니 붕(崩)이라 한다.

故兵有走者, 有弛者, 有陷者, 有崩者, 有亂者, 有北者.
고병유주자   유이자   유함자   유붕자   유란자   유배자

凡此六者, 非天地之災, 將之過也.
범차육자   비천지지재   장지과야

夫勢均, 以一擊十, 曰走. 卒强吏弱, 曰弛. 吏强卒弱, 曰陷.
부세균   이일격십   왈주   졸강리약   왈이   이강졸약   왈함

大吏怒而不服, 遇敵懟而自戰, 將不知其能, 曰崩.
대리노이불복   우적대이자전   장부지기능   왈붕

망하고 싶으면 여기서 말하는 유형대로 하면 된다.

망하는 지름길

장수가 약하여 위엄이 없고, 가르침이 명백하지 못하며, 간부와 병사 간에 엄정한 군기가 없고, 진을 펴는 것이 질서가 없어 종횡으로 어지러우면, 이를 난(亂)이라 한다. 장수가 적을 헤아리지 못하여 적은 병력으로 많은 병력과 싸우게 하고, 약한 병력으로 강한 적을 공격하게 하며, 군대에 정예한 선봉부대가 남아 있지 않는 것을 패배한 군대, 즉 배(北)라 한다. 무릇 이 여섯 가지는 패배하는 길로서 장수의 중대한 업무 분야이니 신중히 살펴야 한다.

將弱不嚴, 敎道不明, 吏卒無常, 陳兵縱橫, 曰亂.
　장 약 불 엄　교 도 불 명　이 졸 무 상　진 병 종 횡　왈 란

將不能料敵, 以少合衆, 以弱擊强, 兵無選鋒, 曰北.
　장 불 능 료 적　이 소 합 중　이 약 격 강　병 무 선 봉　왈 배

凡此六者, 敗之道也, 將之至任, 不可不察也.
　범 차 육 자　패 지 도 야　장 지 지 임　불 가 불 찰 야

위에서 제시한 여섯 가지 형태에 해당하는 조직은 망한다. 굳이 망하고 싶다면 그대로 따라 하면 된다.

자리 선정의 중요성

무릇 지형이란 용병을 돕는 것이다. 적을 헤아려 승리 태세를 만들어가며, 지형의 험하고 평탄함과 멀고 가까움을 운용하는 것은 최고 장수의 책임 분야이다. 이것을 알고 용병하면 반드시 이기고, 이것을 모르고 용병하면 반드시 패한다.

夫地形者, 兵之助也. 料敵制勝, 計險易遠近, 上將之道也.
부 지 형 자   병 지 조 야   요 적 제 승   계 험 이 원 근   상 장 지 도 야

지형은 중립적인 위치에 있다. 어느 편이 지형을 잘 이용하느냐에 따라 승패가 결정된다. 그러므로 장수는 지형을 보는 안목이 있어야 한다. 가게를 시작하려 할 때 어디에서 하는가는 결정적으로 중요하다. 가게의 종류에 따라 장소도 달라진다. 학생들이 자주 찾는 가게일 경우에는 학교 주변이 필수적이다. 그러지 않은 장소를 택하면 분명 망한다.

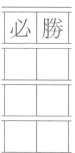

진퇴를 분명히 하라

그러므로 싸움의 법칙에 비추어볼 때 반드시 이길 수 있다면 비록 군주가 싸우지 말라고 해도 반드시 싸우는 것이 가하고, 싸움의 법칙에 비추어볼 때 이기지 못하면 군주가 반드시 싸우라고 해도 싸우지 않는 것이 가하다. 그러므로 나아감에 사사로운 명예를 구하지 아니하고, 물러남에 죄를 피하지 않으며, 오직 백성을 위하고 군주에게 이로우려 한다면 이는 나라의 보배다.

故戰道必勝, 主曰無戰, 必戰可也. 戰道不勝, 主曰必戰, 無戰可也.
고 전 도 필 승　주 왈 무 전　필 전 가 야　전 도 불 승　주 왈 필 전　무 전 가 야
故進不求名, 退不避罪, 唯民是保而利於主, 國之寶也.
고 진 불 구 명　퇴 불 피 죄　유 민 시 보 이 리 어 주　국 지 보 야

進	不	求	名	退	不	避	罪

國之寶

232

싸움에는 법칙이 있다. 승산(勝算)을 판단하는 것이다. 반드시 이기는 것으로 승산이 나온다면, 아무리 윗사람이 싸우지 말라고 해도 싸울 수 있다. 그러나 계산해도 이길 방법이 없다면, 아무리 윗사람이 싸우라고 해도 싸우지 않아야 한다. 그만큼 싸움의 법칙에 충실하라는 얘기다. 이러한 싸움의 법칙에 비추어볼 때 내가 싸우러 나가는 것도 단순히 내 명예를 위함이 아니고, 내가 물러서는 것도 책임을 회피하기 위함이 아니다. 조직을 살리기 위함이다.

명량대첩 직전에 이순신 장군은 투옥을 당했다. 일본의 간계에 의해 조정으로부터 부산 앞바다로의 출정 명령을 받았는데, 이를 거부했기 때문이다. 이순신 장군이 싸움의 법칙으로 계산해봤을 때, 육군의 도움 없이 수군 홀로 출정했을 때는 승산이 없었고, 더구나 출정을 한다면 일본군의 매복에 걸려 조선 수군이 전멸할 위험이 있었기 때문이다. 결국 임금의 명령에 불복종했다는 죄목으로 투옥되었다. 이순신 장군이 나아가지 않고 물러선 것은 단지 책임을 회피하기 위해서가 아니었다. 그것이 나라를 살리는 길이었기 때문이다. 이렇게 이순신 장군은 자신의 행동에서 진퇴를 분명히 했다. 리더는 진퇴가 분명하지 않으면 안 된다. 애매한 태도를 취하며 이리저리 눈치를 보는 사람이 어쩌다 리더가 된다면 그 조직은 망할 수밖에 없다.

부하를 자식처럼 아껴라

병사보기를 어린아이 돌보듯 하면 그와 더불어 깊은 계곡에도 갈수 있고, 병사보기를 사랑하는 자식같이 하면 그와 더불어 죽을 수도 있다. 후하게 대한다고 일을 시키지도 못하고, 사랑한다고 명령을 내리지도 못하고, 어지러워도 다스리지 못한다면, 마치 버릇없는 자식 같아서 쓸 수가 없다.

視卒如嬰兒故, 可與之赴深谿, 視卒如愛子, 故可與之俱死.
　시 졸 여 영 아 고　　　가 여 지 부 심 계　　　시 졸 여 애 자　　　고 가 여 지 구 사

厚而不能使, 愛而不能令, 亂而不能治, 譬如驕子, 不可用也.
　후 이 불 능 사　　　애 이 불 능 령　　　사 이 불 능 치　　　비 여 교 자　　　불 가 용 야

視	卒	如	愛	子

한니발은 용병을 이끌고 그 당시만 해도 사람이 넘을 수 없다는 알프스를 넘었다. 그리고 상대가 되지 않는다고 하던 무적 로마 군을 맞아 6만 명을 전멸시키며 칸나에 섬멸전이라는 전설을 만들었다. 이 과정에서 한니발의 용병들은 단 한 명도 도망가지 않았다고 전해진다. 그들은 돈을 받고 싸우는 사람들이었다. 그런데 어떻게 해서 극복이 불가능한 자연환경에, 도전하기 불가능한 적수를 맞아 한 명도 도망가지 않을 수 있었을까? 바로 한니발의 리더십이다. 당시 한니발의 나이는 막 서른을 넘긴 31세였다. 그는 자신의 한계를 잘 알았고, 그것을 극복하기 위해서 부하들과 똑같이 행동했다. 같이 걷고, 같이 거적을 깔고 자고, 같이 차가운 빵을 먹었다. 높은 위치에 있다고 해서 대우를 받으려 하거나, 거만을 떨지 않았다. 바로 이러한 행동이 용병들의 마음을 사로잡았던 것이다.

회사에서 부하 직원을 내 자식처럼 대해보라. 기득권을 버리고 그들과 눈높이를 맞추며 함께 시간을 보내보라. 그러면 그들은 한니발의 용병처럼 목숨을 걸고 당신을 따를 것이다.

절반의 성공

나의 병력이 공격할 만하다는 것을 알더라도, 적이 나보다 더 강하여 공격할 수 없음을 알지 못한다면, 승리의 확률은 반이다. 적이 공격할 만하다는 것을 알더라도, 내 병력이 상대적으로 적과 비교할 때 공격할 만하지 못하다는 것을 알지 못한다면, 승리의 확률은 반이다. 적의 정황이 공격할 만하다는 것을 알고, 내 병력이 적을 공격할 만하다는 것을 알더라도, 지형이 싸울 만하지 못하다는 것을 알지 못한다면, 승리의 확률은 반이다. 그러므로 용병을 아는 자는, 사람을 움직이되 미혹되지 않고, 거사를 하되 곤궁해지지 않는다.

知吾卒之可以擊, 而不知敵之不可擊, 勝之半也.
지 오 졸 지 가 이 격   이 부 지 적 지 불 가 격   승 지 반 야

知敵之可擊, 而不知吾卒之不可以擊, 勝之半也.
지 적 지 가 격   이 부 지 오 졸 지 불 가 이 격   승 지 반 야

知敵之可擊, 知吾卒之可以擊, 而不知地形之不可以戰, 勝之半也.
지 적 지 가 격 지 오 졸 지 가 이 격   이 부 지 지 형 지 불 가 이 전   승 지 반 야

故知兵者, 動而不迷, 擧而不窮.
고 지 병 자   동 이 불 미   거 이 불 궁

어떤 경우든 판단을 잘못하면 성공할 수 있는 확률은 반밖에 되지 않는다.

온전한 승리의 공식

그러므로 적을 알고 나를 알면 승리함에 위태롭지 않고, 천시를 알고 지리를 알면 승리함에 가히 온전해질 수 있다.

故曰, 知彼知己, 勝乃不殆, 知天知地, 勝乃可全.
고왈   지피지기   승내불태   지천지지   승내가전

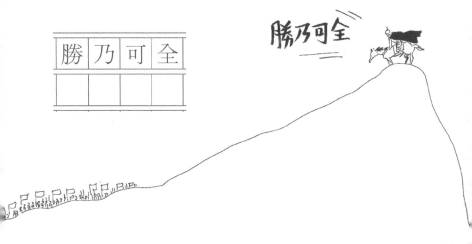

제3편 '모공'에 나오는 "적과 나를 알면 백 번 싸워도 위태롭지 않다"고 하는 '지피지기 백전불태(知彼知己 百戰不殆)'의 개념이 다시 한 번 나오며, 이에 더하여 온전한 승리를 만들려면 날씨와 지형의 이점을 잘 알아야 한다고 말하고 있다. 이것이 온전한 승리의 공식이다. 적을 알고 나를 알아야 한다. 그리고 날씨와 지형도 알아야 한다.

다양한 전략으로
돌파하라

제11편 구지九地

合於利而動 합어리이동
이익에 합하면 그때 이동해라.

率然 솔연
전설적인 뱀, 솔연

投之亡地然後存 투지망지연후존
죽음의 땅에 던져 넣어야 살 길이 열린다.

後如脫兔 후여탈토
그 후에는 마치 토끼가 달아나듯 뛴다.

원정지의 특성

손자가 말하기를, 용병의 법에 산지, 경지, 쟁지, 교지, 구지, 중지, 비지, 위지, 사지가 있다. 제후가 스스로 자기 영토 내에서 싸우는 곳을 산지라 하고, 적의 땅에 들어가되 깊이 들어가지 않은 곳을 경지라 한다. 내가 얻어도 유리하고, 적이 얻어도 유리한 곳을 쟁지라 한다. 내가 갈 수도 있고, 적이 올 수도 있는 곳을 교지라 한다. 아국과 적국 그리고 제3국의 국경이 서로 접한 곳으로서 먼저 가서 점령하게 되면 동맹세력을 얻을 수 있는 곳을 구지라 한다. 적국 깊숙이 들어가 배후에 적의 성읍이 많이 있는 곳을 중지라 한다.

孫子曰, 用兵之法, 有散地, 有輕地, 有爭地, 有交地, 有衢地, 有重地,
손자왈   용병지법   유산지   유경지   유쟁지   유교지   유구지   유중지

有圮地, 有圍地, 有死地.
유비지   유위지   유사지

諸侯自戰其地者, 爲散地. 入人之地而不深者, 爲輕地.
제후자전기지자   위산지   입인지지이불심자   위경지

我得亦利, 彼得亦利者, 爲爭地. 我可以往, 彼可以來者, 爲交地.
아득역리   피득역리자   위쟁지   아가이왕   피가이래자   위교지

諸侯之地三屬, 先至而得天下之衆者, 爲衢也.
제후지지삼속   선지이득천하지중자   위구지

入人之地深, 背城邑多者, 爲重地.
입인지지심   배성읍다자   위중지

원정지의 아홉 가지 특성에 대해 말하고 있다. 『손자병법』을 이해하는 중요한 포인트 중 하나는, 내가 적의 땅으로 원정해서 이를 공격하는 정복전을 다루고 있다는 것이다. '구지'편은 그런 면에서 볼 때 매우 중요하다. 그러나 오늘날의 기업 현장이나 일상적인 삶을 살아가는 사람에게는 당시의 상황이 현실과 동떨어진 듯하여 와닿지 않을 수 있다. 그냥 눈으로 보고 지나갈 것은 지나가라.

九地

죽음의 땅

산림과 험한 지형과 소택지 등 지나가기 어려운 곳을 비지라 한다. 들어오는 곳이 좁고, 돌아가는 곳이 구불구불하며, 적의 적은 병력으로 나의 많은 병력을 공격할 수 있는 곳을 위지라 한다. 서둘러 싸우면 살지만, 서둘러 싸우지 않으면 죽게 되는 곳을 사지라 한다.

山林, 險阻, 沮澤, 凡難行之道者, 爲圮地.
산림　험조　저택　범난행지도자　위비지

所由入者隘, 所從歸者迂, 彼寡可以擊吾之衆者, 爲圍地.
소유입자애　소종귀자우　피과가이격오지중자　위위지

疾戰則存, 不疾戰則亡者, 爲死地.
질전즉존　부질전즉망자　위사지

죽음의 땅에서는 재빨리 승부를 내는 것이 중요하다. 오래 머물다 보면 자기도 모르게 서서히 죽을 수 있다. 오늘날 인터넷 중독이나 마약 중독, 알코올 중독이나 섹스 중독이 바로 죽음의 땅이다. 처음부터 그곳에 가지 말아야겠지만, 일단 발을 디뎠으면 재빨리 결단하고 빠져 나와야 살 수 있다.

잘 살펴 행동하라

이런 까닭에 산지에서는 싸우지 말고, 경지에서는 머물지 말고, 쟁지에서는 공격하지 말고, 교지에서는 부대 간의 연락을 단절시키지 말고, 구지에서는 외교 친선에 힘쓰고, 중지에서는 현지 조달 징발에 힘쓰고, 비지에서는 신속히 지나가고, 위지에서는 계책을 쓰고, 사지에서는 죽기로 싸워야 한다.

是故散地則無戰, 輕地則無止, 爭地則無攻, 交地則無絶, 衢地則合交,
시고산지즉무전   경지즉무지   쟁지즉무공   교지즉무절   구지즉합교

重地則掠, 圮地則行, 圍地則謀, 死地則戰.
중지즉략   비지즉행   위지즉모   사지즉전

死	地	則	戰

앞에 나온 내용을 참고하여 상황에 따라 올바르게 행동해야 한다.

부자도 급이 있다

이른바 옛날에 용병을 잘하는 사람은, 적으로 하여금 앞과 뒤가 서로 연계되지 못하게 하고, 주력 본대와 소부대가 서로 믿고 의지하지 못하게 하고, 상급자와 하급자가 서로 구하지 못하게 하고, 상하가 서로 기대지 못하게 하고, 병사들이 흩어져 모이지 못하게 하고, 집결되어도 정연하지 못하게 했다. 이익에 맞으면 움직이고, 이익에 맞지 않으면 그친다. 감히 묻건대, 적이 우세하고 정연한 태세로 오면 어떻게 대처하겠는가? 대답하여 말하되, 먼저 적이 가장 아끼는 것을 빼앗으면 내 말을 순순히 따를 것이다.

所謂古之善用兵者, 能使敵人, 前後不相及, 衆寡不相恃, 貴賤不相救,
소 위 고 지 선 용 병 자　능 사 적 인　전 후 불 상 급　중 과 불 상 시　귀 천 불 상 구
上下不相扶, 卒離而不集, 兵合而不齊, 合於利而動, 不合於利而止.
상 하 불 상 부　졸 리 이 부 집　병 합 이 부 제　합 어 리 이 동　불 합 어 리 이 지
敢問敵衆整而將來, 待之若何. 曰先奪其所愛, 則聽矣.
감 문 적 중 정 이 장 래　대 지 약 하　왈 선 탈 기 소 애　즉 청 의

모든 일에서 이익을 잘 계산해야 한다. 이익이 없는 장사는 헛장사다. 이익을 따라 움직이는 일이 나쁜 것은 아니다. 나만 잘 먹고 잘 살기 위해서 남기는 이익은 한낱 필부의 이익에 불과하지만, 두루 잘 먹고 잘 살게 하기 위해 남기는 이익은 '경주 최 부자'의 이익이라고 할 수 있다. 경주 교동 69번지에 위치한 최 부자는 12대 400년 간 부를 이어왔다. "사방 100리 안에 굶어죽는 사람이 없게 하라"는 말을 실천하며 노블레스 오블리주의 전형을 이루었다. 무엇을 위해 열심히 땀을 흘려 이익을 남기느냐? 부자도 급이 있다.

블루오션 전략의 성공률을 높여라

군사작전의 으뜸은 신속함이니, 적이 미치지 못하는 틈을 타, 생각지도 못한 길을 경유하여, 경계하지 않는 곳을 공격해야 한다. 무릇 원정작전의 요령은, 깊이 들어가면 굳게 뭉치게 되어 적이 대항하지 못하는 것이니, 적의 풍요한 농지에서 좋은 곡식을 약탈하여 전군을 충분히 먹이고, 힘을 비축하고 피로하지 않게 하며, 사기를 진작시키고 힘을 쌓으며, 군대를 운용하며 책략을 세우되, 가히 적이 예측하지 못하도록 한다.

兵之情主速, 乘人之不及, 由不虞之道, 攻其所不戒也.
병 지 정 주 속　　승 인 지 불 급　　유 불 우 지 도　　공 기 소 불 계 야

凡爲客之道, 深入則專, 主人不克, 掠於饒野, 三軍足食,
범 위 객 지 도　　심 입 즉 전　　주 인 불 극　　약 어 요 야　　삼 군 족 식

謹養而勿勞, 幷氣積力, 運兵計謀, 爲不可測.
근 양 이 물 로　　병 기 적 력　　운 병 계 모　　위 불 가 측

경쟁자가 예측하지 못하는 방법으로 나아가는 것은 군사적으로 보면 기습 전략이다. 이것이 기업 경영에 사용될 때는 블루오션(Blue Ocean) 전략이라고 할 수 있다. 블루오션은 수많은 경쟁자들로 우글거리는 레드오션(Red Ocean)과 상반되는 개념으로, 경쟁자들이 없는 무경쟁시장을 의미한다. 블루오션이라는 말은 프랑스 인시아드(INSEAD) 경영대학원 김위찬 교수와 르네 마보안 교수의 공동 저서 『블루오션 전략(Blue Ocean Strategy)』을 통해 처음 국내에 소개되었다.

오늘날 많은 사람들이 블루오션 전략에 매달리고 있다. 마치 성공의 보증수표처럼 여기는 것이다. 그런데 명심해야 할 것이 있다. 블루오션 전략이라고 해서 기존의 전략에서 완전히 동떨어져 존재할 수 없다는 사실이다. 기업의 경쟁력을 높이기 위해서는 성공한 기업으로부터 배우는 벤치마킹이 있고, 기존의 틀을 완전히 새롭게 바꾸는 패러다임 전환의 방법이 있다. 이 패러다임의 전환이 바로 블루오션 전략이다. 그런데 그 어떤 블루오션 전략도 기존의 여러 전략의 도움 없이는 성공률이 떨어진다는 것이다. 기존 전략의 장점을 참고로 하고, 발판으로 삼아서 새로운 패러다임의 전환을 모색하는 것이 안정되고 현명한 방법이다. 이것은 제5편 '병세'에 나오는 이정합이기승(以正合以奇勝)의 개념과 같다. 잘 준비된 자산[正]을 바탕으로 마음껏 새로운 아이디어[奇]를 창출하여 승리를 거머쥐는 원리다.

미신에서 벗어나라

갈데없는 곳에 투입하면 죽더라도 도망하지 않으니, 죽게 되었는데 어찌 병사들이 힘을 다하지 않겠는가. 병사들은 심한 위험에 빠지면 오히려 두려워하지 않고, 갈 곳이 없으면 마음을 굳게 먹으며, 적지에 깊이 들어가면 뭉치고, 어쩔 수 없으면 싸우게 된다. 이런 까닭에, 그 병사들은 별도로 지도하지 않아도 스스로 경계하며, 요구하지 않아도 따르며, 언약으로 얽매지 않아도 서로 친해지며, 명령하지 않아도 성실하게 각자의 임무를 수행할 것이니, 미신이나 유언비어를 금지하여 미혹을 없애면, 죽음에 이르러도 달아나지 않을 것이다.

投之無所往, 死且不北, 死焉不得士人盡力.
투지무소왕   사차불배   사언부득사인진력

兵士甚陷則不懼, 無所往則固, 入深則拘, 不得已則鬪.
병사심함즉불구   무소왕즉고   입심즉구   부득이즉투

是故其兵不修而戒, 不求而得, 不約而親, 不令而信, 禁祥去疑, 至死無所之
시고기병불수이계   불구이득   불약이친   불령이신   금상거의   지사무소지

不	令	而	信

미신에 자신의 운명을 맡기는 것처럼 어리석은 일은 없다. 점을 치고, 미신을 믿고, 각종 유언비어에 현혹되는 사람이 한 조직의 리더라면 그 조직의 앞날은 불을 보듯 뻔하다. 대체로 점을 치는 사람은 앞일에 대해 불안해하거나, 마음의 갈피를 잡지 못하거나 심약한 사람이다. 기업이나 정치를 하는 사람들이 몰래 점집을 찾는 것도 그러하기 때문이다. 이것이 제9편 '군쟁'에 나오는 치심(治心)이 강조되는 이유이다. 마음을 단단히 먹는 것이 무엇보다도 중요하다.

손자의 처세술

나의 병사들이 재물을 남기지 않음은 재화를 싫어해서가 아니며, 남은 목숨을 아끼지 않음은 오래 사는 것을 싫어해서가 아니다. 명령이 떨어지는 날이면 병사들 중에 앉은 자는 눈물이 옷깃을 적시고, 누운 자는 눈물이 턱으로 흐른다. 이들을 갈 곳 없는 곳에 던져 넣으면, 전제나 조궤와 같은 용기를 보인다.

吾士無餘財, 非惡貨也. 無餘命, 非惡壽也.
오 사 무 여 재   비 오 화 야   무 여 명   비 오 수 야

令發之日, 士坐者涕霑襟, 臥者涕交頤.
영 발 지 일   사 좌 자 체 점 금   와 자 체 교 이

投之無所往, 則諸劌之勇也.
투 지 무 소 왕   즉 제 궤 지 용 야

마지막 어구인 "이들을 갈 곳 없는 곳에 던져 넣으면, 전제나 조궤와 같은 용기를 보인다"는 말은 매우 의미심장하다. '사중구생(死中求生)'이라는 말이 있다. 송사의 『유기전』에 나오는 이 말은 죽음 속에서 살길을 찾는다는 뜻으로, 그만큼 절박한 상황에 몰아넣으면 죽기를 각오하고 싸운다는 것이다. 여기에 나오는 전제나 조궤는 유명한 자객이다. 특히 전제는 오왕 합려가 사촌 형을 죽여 왕위를 찬탈할 때 이용했던 사람이다. 손자는 이러한 관계를 잘 알고 있었고, 그의 병법에 바로 썼다. 이를 볼 때 손자는 오왕 합려를 구체적으로 지목했고, 그에게 임용되기 원했음을 짐작할 수 있다. 모든 상황을 유리하게 이용하는 손자의 처세술이 돋보이는 대목이다.

세상에서 가장 이상적인 조직

그러므로 용병을 잘하는 자는, 비유하건대 용병하기를 솔연과 같이 하니, 솔연은 항산에서 사는 뱀으로, 그 머리를 치면 꼬리가 덤비고, 그 꼬리를 치면 머리가 덤비며, 그 허리를 치면 머리와 꼬리가 함께 덤빈다.

故善用兵者, 譬如率然, 率然者恒山之蛇也, 擊其首則尾至, 擊其尾則首至,
고 선 용 병 자　비 여 솔 연　솔 연 자 항 산 지 사 야　격 기 수 즉 미 지　격 기 미 즉 수 지

擊其中身則首尾俱至.
격 기 중 신 즉 수 미 구 지

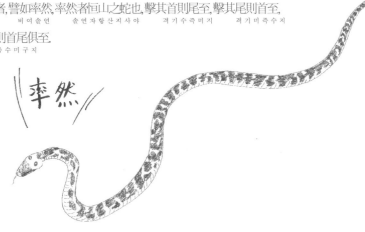

세상에서 가장 이상적인 조직을 소개하고 있다. 바로 솔연이라는 뱀이다. 솔연은 전설상의 뱀으로, 항산에 살고 있다고 전해진다. 솔연은 어떤 위해가 가해지면 머리, 꼬리, 허리가 저절로 움직여서 그 위해를 제거한다고 한다. 자발적인 협동체를 말한다. 누가 시키건 시키지 않건 자기가 해야 될 일을 완벽하게 수행하는 것이다. 군대가 이런 조직이 된다면 어떤 적도 물리칠 수 있다. 회사가 이런 조직이 된다면 어떤 위기에서도 겁낼 것이 없다. 솔연은 모든 리더가 꿈꾸는 조직이 아닐까?

오월동주

감히 묻건대, 병사들을 솔연처럼 되게 할 수 있는가? 말하기를, 가능하다. 무릇 월나라 사람이 오나라 사람과 더불어 서로 미워하지만, 같은 배를 타고 건너갈 때에 폭풍과 같은 위험한 상황이 생기면 마치 좌우의 손처럼 서로 도울 것이다. 이런 까닭에, 말을 묶어놓고 수레바퀴를 땅에 묻더라도, 즉 도망갈 수 있는 모든 수단을 제거하여 결심이 굳음을 보여주더라도, 아직 믿을 수 있는 것은 아니다.

敢問, 兵可使如率然乎. 曰, 可. 越人與吳人, 相惡也.
감 문   병 가 사 여 솔 연 호   왈 가   월 인 여 오 인   상 오 야

當其同舟而濟, 其相救也, 如左右手.
당 기 동 주 이 제   기 상 구 야   여 좌 우 수

是故方馬埋輪, 未足恃也.
시 고 방 마 매 륜   미 족 시 야

그 유명한 '오월동주(吳越同舟)'가 여기에 나온다. 오월동주는 서로 나쁜 관계에 있는 사람들이 같은 처지에 놓여 어쩔 수 없이 협력해야 하는 상태가 되거나 원수끼리 서로 마주치게 됨을 이르는 말이다. 손자는 당시 오나라와 원수 관계에 있던 월나라를 생각하면서 이 어구를 만들었다. 아무리 원수지간일지라도 공동의 위기 상황을 만나면 어쩔 수 없이 서로 손을 잡는다는 얘기다. 원수끼리도 위기 상황에서는 서로 손을 잡는데 같은 편끼리는 말해 무엇하겠는가? 그래서 손자는 병사들의 마음을 필사의 태세로 묶기 위해서는 고의적으로 위기 상황을 만드는 것이 필요하다고 말한다.

위기 상황을 조성하라

병사들로 하여금 마음을 합하고 용감하게 하여 하나처럼 만드는 것이 군대를 다스리는 도이며, 강한 자나 유약한 자가 가지고 있는 힘을 모두 얻을 수 있게 하는 것이지세를 이용하는 이치다. 그러므로 용병을 잘하는 자는, 마치 한 사람처럼 손에 손을 잡고 협력하게 하니, 그렇게 하지 않을 수 없게 하기 때문이다.

齊勇若一, 政之道也. 剛柔皆得, 地之理也.
제 용 약 일   정 지 도 야   강 유 개 득   지 지 리 야

故善用兵者, 携手若使一人, 不得已也.
고 선 용 병 자   휴 수 약 사 일 인   부 득 이 야

善	用	兵	者

전체적인 위기 상황이 조성될 때 병사들은 저절로 움직인다. 마치
솔연처럼 말이다.

은둔형 리더

장수의 일은 고요해서 어둠 속 같고, 올바르게 해서 다스리는 것이니, 사졸들의 눈과 귀를 어리석게 만들어 그들이 알지 못하게 해야 한다. 그 일을 바꾸고 그 계략을 고치되 남들이 알지 못하도록 하고, 그 주둔지를 바꾸고 그 길을 가되 남들이 헤아리지 못하도록 한다. 장수가 병사와 더불어 결전을 기하되, 마치 높은 곳에 오르게 하고 사다리를 치워버리듯 하며, 장수가 병사와 더불어 적국의 땅 깊숙이 들어가되, 마치 궁노를 발사하듯이 하고, 마치 양떼를 몰고 가며 몰고 옴에 그들이 알지 못하게 하는 것과 같다. 삼군의 군사를 모아서 위험한 곳에 투입하는 것, 이것이 이른바 장군의 일이다.

將軍之事, 靜以幽, 正以治. 能愚士卒之耳目, 使之無知.
　장군지사　정이유　정이치　능우사졸지이목　사지무지

易其事, 革其謀, 使民無識, 易其居, 于其途, 使人不得慮.
　역기사　혁기모　사민무식　역기거　우기도　사인부득려

帥與之期, 如登高而去其梯, 帥與之深入諸侯之地, 而發其機.
　수여지기　여등고이거기제　수여지심입제후지지　이발기기

若驅群羊, 驅而往, 驅而來, 莫知所之.
　약구군양　구이왕　구이래　막지소지

聚三軍之衆, 投之於險, 此將軍之事也.
　취삼군지중　투지어험　차장군지사야

큰 조직을 이끄는 CEO를 보면 그 깊은 속을 알 수 없는 경우가 많다. 이른바 은둔형 리더라고 불리는 CEO이다. 비록 겉으로는 그가 무슨 생각을 하는지 가늠하기 쉽지 않지만, 그는 조직의 미래를 위해 끊임없이 골몰하고 있다. 그가 한번 말을 꺼내면 그것이 비전이 되고, 조직이 목숨을 걸고 나아가야 할 방향이 되는 것이다. 그렇기 때문에 그런 CEO는 말을 아낀다.

살아남는 방법

상황별 지형의 활용과 군대를 출동시키거나 거두어들이는 것의 이로움, 사람의 심리 변화의 이치 등은 잘 살피지 않으면 안 된다. 무릇 원정군의 입장에서는 깊이 들어가면 단결하게 되고, 얕게 들어가면 마음이 갈라진다. 나라를 떠나 국경을 넘어서 군대를 부리는 곳이 절지요, 사방으로 통하는 곳이 구지요, 깊이 들어간 곳이 중지요, 얕게 들어간 곳이 경지요, 뒤는 험하고 앞은 좁은 곳이 위지요, 나갈 데가 없는 곳이 사지다.

九地之變, 屈伸之利, 人情之理, 不可不察也.
구지지변　　굴신지리　　인정지리　　불가불찰야

凡爲客之道, 深則專, 淺則散.
범위객지도　　심즉전　천즉산

去國越境而師者, 絶地也. 四徹者, 衢地也. 入深者, 重地也.
거국월경이사자　　절지야　　사철자　구지야　입심자　중지야

入淺者, 輕地也. 背固前隘者, 圍地也. 無所往者, 死地也.
입천자　경지야　배고전애자　　위지야　　무소왕자　사지야

사람의 심리를 잘 헤아려 최선의 노력을 다하는 것만이 자신과 조직이 살 수 있는 길임을 인식해야 한다.

아차 하는 순간 당할 수 있다

이런 까닭에 산지에서는 병사들의 뜻을 하나로 해야 하고, 경지에서는 각 부대 간의 결속을 긴밀히 해야 하고, 쟁지에서는 오래 끌며 머무르지 말아야 하고, 교지에서는 피아가 진출이 용이한 지형이니 후속 지원부대 등의 지원을 확고히 해야 하고, 구지에서는 인접 국가와 맺은 외교관계를 믿을 수 있게 해야 하고, 중지에서는 앞으로 식량과 보급품 등이 그 뒤를 따르도록 해야 하고, 비지에서는 앞을 신속히 통과해야 하고, 위지에서는 도망갈 곳을 봉쇄해야 하고, 사지에서는 앞으로 살아남을 수 없음을 보여주어야 한다.

是故散地, 吾將一其志, 輕地, 吾將使之屬, 爭地, 吾將使不留,
시 고 산 지   오 장 일 기 지   경 지   오 장 사 지 속   쟁 지   오 장 사 불 류

交地, 吾將固其結, 衢地, 吾將謹其恃, 重地, 吾將趣其後,
교 지   오 장 고 기 결   구 지   오 장 근 기 시   중 지   오 장 취 기 후

圮地, 吾將進其途, 圍地, 吾將塞其闕, 死地, 吾將示之以不活.
비 지   오 장 진 기 도   위 지   오 장 색 기 궐   사 지   오 장 시 지 이 불 활

오랫동안 같은 일을 하다 보면 타성에 젖기 쉽다. 처음에는 조심하다가도 점점 마음이 느슨해진다. 그러다 보면 호시탐탐 기회를 노리는 경쟁자의 기습적인 일격에 넘어갈 수 있다. 특히 최고를 서로 다투는 업종에서는 이런 일이 많다. 그래서 방심은 금물인 것이다. 인생을 살면서도 마찬가지다. 나는 약점이 아니라 강점 때문에 넘어진다. 약점은 그 부분이 약하다는 것을 인식하고 있기 때문에 늘 조심하기 마련이다. 아차 하는 순간 넘어진다. 늘 스스로를 경계하고 조심해야 한다.

원앙새에게 배운 원앙진

그러므로 병사들의 심리는 포위되면 스스로 방어하고, 어쩔 수 없으면 싸우며, 궁지에 빠지면 명령에 따른다. 이런 까닭에, 제3국의 계략을 모르면 사전에 외교관계를 맺을 수 없고, 산림과 험난한 지형, 소택지 등의 지형을 알지 못하면 행군할 수 없고, 지역 안내자를 쓰지 않으면 지형의 이점을 얻을 수 없다.

故兵之情, 圍則禦, 不得已則鬪, 逼則從.
고병지정 위즉어 부득이즉투 핍즉종

是故不知諸侯之謀者, 不能豫交, 不知山林險阻沮澤之形者, 不能行軍,
시고부지제후지모자   불능예교   부지산림험조저택지형자   불능행군

不用鄕導者, 不能得地利.
불용향도자   불능득지리

사람은 어쩔 수 없는 처지에 몰려야 고분고분해진다. 중국의 명장 척계광은 10년에 걸쳐 80번을 싸웠는데, 단 한 번도 지지 않았다. 당시 중국을 오랫동안 괴롭혔던 2만여 명의 왜구를 맞아 단 5,000명으로 이들을 완전히 물리친 바 있었다. 척계광의 군대는 그의 성을 따서 척가군이라고 불렸는데, 이들은 12명 단위의 원앙진으로 편성되었다. 원앙진에는 아주 엄격한 법이 적용되었는데, 마치 원앙새처럼 그 대장이 죽으면 나머지 생존자도 모두 죽이는 것이다. 그러므로 팀원들은 죽지 않기 위해서라도 대장을 보호하기 위해 애썼고, 그를 중심으로 똘똘 뭉쳤다. 이러한 원앙진의 비법은 의도적으로 사람들을 어쩔 수 없는 처지로 몰아간 척계광의 기발한 아이디어라고 할 수 있다.

왕패의 브랜드

여러 원정지의 상황에 따른 용병술 중 하나라도 모르면 패권을 잡는 왕의 군대가 아
니다. 무릇 패권을 잡는 왕의 군대는, 그가 큰 나라를 정벌하게 되면, 그 큰 나라가 미
처 군대를 집결시키지 못하게 되고, 압도적인 위세를 적국에게 가하여, 그 외교관계
를 맺지 못하게 한다. 이런 까닭에, 천하의 외교문제를 다투지 않고, 적대세력을 키우
지도 않고, 자신의 위세를 펼쳐서 적에게 적용하면, 적의 성을 함락시킬 수 있고, 그
나라를 멸망시킬 수 있는 것이다.

四五者, 一不知, 非王覇之兵也.
사 오 자   일 부 지   비 왕 패 지 병 야

夫王覇之兵, 伐大國, 則其衆不得聚, 威加於敵, 則其交不得合.
부 왕 패 지 병   벌 대 국   즉 기 중 부 득 취   위 가 어 적   즉 기 교 부 득 합

是故不爭天下之交, 不養天下之權, 信己之私, 威加於敵, 故其城可拔,
시 고 부 쟁 천 하 지 교   불 양 천 하 지 권   신 기 지 사   위 가 어 적   고 기 성 가 발

其國可隳.
기 국 가 휴

왕패(王覇)라는 특별한 용어가 나온다. 여기에는 여러 가지 해석이
있다. 대체로 왕(王)은 당시 주나라의 황제를 의미하고, 패(覇)는 주
변의 여러 제후들을 뜻한다. 그러나 여기서는 패권을 잡고 있는 왕
이라고 해석해도 무방하다. 이러한 왕패는 그 위세가 너무나 막강
해서 마음만 먹으면 쉽게 주변국을 정복할 수 있다. 기업의 경영자
도 이 정도의 위세를 가지고 사업을 하면 쉽게 일을 이룰 수 있다.
글로벌 브랜드는 왕패의 위세를 대변해준다. 그 이름 하나에 경쟁
자들이 숨을 죽이고, 그 이름 하나에 고객들이 몰려드는 것이다. 그
러나 그런 위상을 만들기까지는 결코 쉽지 않다.

리더의 필수조건

법에도 없는 파격적인 상을 내리고, 평소와 다른 법령을 내걸면, 삼군의 무리를 지휘함이 마치 한 사람을 지휘함과 같을 것이다. 일로 움직이게 하되, 말로 고하지 말며, 위험한 지경에 빠뜨리는 등 해로움으로 움직이게 하되, 요행을 바라는 이로움으로 고하지 말아야 한다. 망해버릴 땅에 던진 후에야 살아남을 수 있고, 사지에 빠뜨린 후에야 살아남을 수 있으니, 무릇 병사들은 위험한 처지에 빠진 후에야 승패를 다툴 수 있다.

無法之賞, 懸無政之令, 犯三軍之衆, 若使一人.
무법지상　현무정지령　범삼군지중　약사일인

犯之以事, 勿告以言, 犯之以害, 勿告以利.
범지이사　물고이언　범지이해　물고이리

投之亡地然後存, 陷之死地然後生, 夫衆陷於害, 然後能爲勝敗.
투지망지연후존　함지사지연후생　부중함어해　연후능위승패

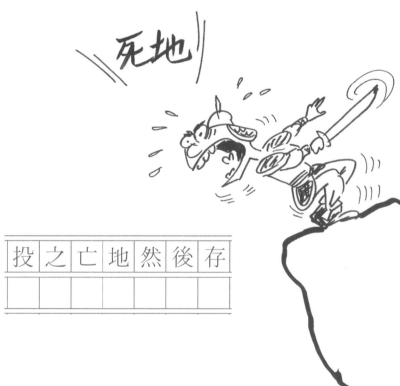

投	之	亡	地	然	後	存

한신 장군이 정형구의 배수진에서 승리한 후에 축하연을 열었는데, 그때 부하 장군이 물었다. "병법에서 말하길, '진을 칠 때에는 산이나 언덕을 오른편에 두거나 뒤에 두어야 하고, 강과 연못은 앞이나 왼편에 두어야 한다'라고 했습니다. 그런데 장군께서는 저희들에게 강물을 뒤에 두고 진을 치게 하셨는데, 이것은 무슨 전술입니까?" 한신 장군은 웃으면서 대답했다. "이것도 병법에 있는 것인데, 그대들이 주의해서 보지 않았던 것뿐이오. '사지에 몰아넣은 후에야 살게 되고, 망할 지경이 되어서야 존재하게 된다[陷之死地而後生, 置之亡地而後存]'라고 병법에서 말하지 않았소? 이번 전투는 길거리에 있는 백성들을 몰아다가 싸우는 것과 같았기 때문에, 이런 형세에서는 그들을 사지에 몰아넣어 스스로 싸우게 하지 않고[人自爲戰], 빠져나갈 수 있는 곳에 있게 했다면 모두 달아나버렸을 것이오."

한신 장군은 『손자병법』의 바로 이 어구를 응용했다. 정확하게 손자가 말한 어구와 일치하지는 않지만 그 의미를 가져왔다. 여기서 '인자위전(人自爲戰)'이라는 말이 나온다. 사람은 자기가 살기 위해 싸운다는 뜻이다. 군대나 회사가 위기에 빠지면 때로는 의도적으로 부하들을 죽을 처지로 몰아넣어야 한다. 그래서 장수나 CEO에게는 엄함과 냉정함이 필요하다. 그렇게 해야 모두가 살 수 있는 과감한 결단을 내릴 수 있기 때문이다.

기회를 포착하라

그러므로 전쟁이라는 일은, 적의 의도를 따라 순순히 응해주다가, 호기가 포착되면
힘을 한 방향으로 투입하여, 천리를 달려가 적장을 죽이는 것이니, 이를 일러 교묘히
일을 이룬다고 한다. 이런 까닭에, 전쟁이 결정된 날에는 관문을 막고 통행증을 폐지
하며, 적국의 사신을 통과시키지 말아야 하며, 조정회의에서는 전의를 독려해서, 전
쟁에 관한 일을 결단한다.

故爲兵之事, 在於順詳敵之意, 并力一向, 千里殺將, 是謂巧事.
고 위 병 지 사 재 어 순 양 적 지 의 병 력 일 향 천 리 살 장 시 위 교 사
是故政擧之日, 夷關折符, 無通其使, 勵於廟堂之上, 以誅其事.
시 고 정 거 지 일 이 관 절 부 무 통 기 사 여 어 묘 당 지 상 이 주 기 사

돌아가는 상황을 주시하고 있다가 기회가 포착되면 한 방향으로 몰
아가야 한다.

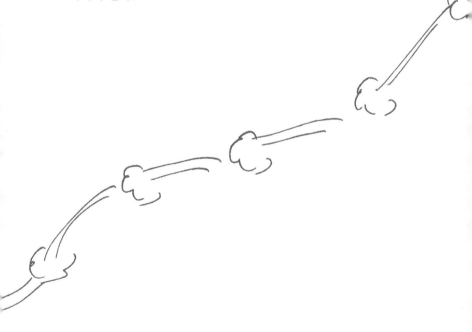

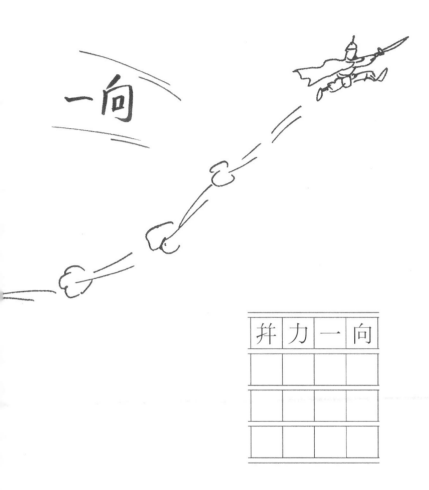

방심하면 끝이다

적군이 바깥문을 열면, 반드시 그 호기를 놓치지 말고 재빠르게 들어가서, 먼저 적국의 가장 중요한 요지를 공격하고, 그리고 일단 적과 싸움을 기하지 말고 있다가, 원칙을 고수하는 것을 버리고 적측의 행동에 즉응하여, 결전 여부를 결정한다. 이런 까닭에, 처음에는 처녀처럼 얌전히 행동하여 적이 방심해 문을 열게 하고, 나중에는 달아나는 토끼처럼 재빨리 행동하여 적이 미처 막을 수 없도록 한다.

敵人開闔, 必亟入之, 先其所愛, 微與之期, 踐墨隨敵, 以決戰事.
적인개합　필극입지　선기소애　미여지기　천묵수적　이결전사

是故始如處女, 敵人開戶, 後如脫兎, 敵不及拒.
시고시여처녀　적인개호　후여탈토　적불급거

266

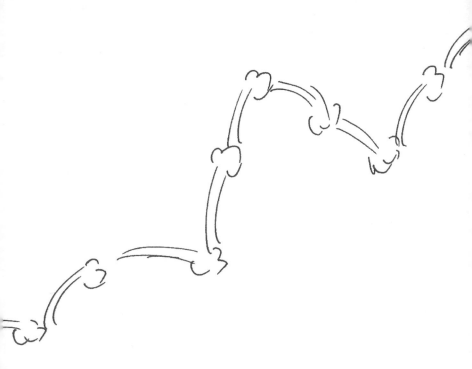

팽팽한 경쟁의 현장에서는 누가 실수를 적게 하느냐에 승패가 달려
있다. 경쟁자로 하여금 방심을 유도할 수 있다면 그보다 좋은 기회
는 없다. 나의 실체를 숨겨 어리석게 보이거나, 이제는 경쟁을 포기
하는 듯이 뒤로 물러서는 모습을 보여주면 경쟁자가 나를 우습게 여
겨 방심하게 된다. 그때 기회를 놓치지 않고 돌진해서 치는 것이다.
마치 덫에서 벗어나는 토끼처럼 빠르게 말이다. 전쟁이든 기업 경
영이든 방심하는 순간 끝이다.

뜨거운 맛을 보여주라

제12편 화공火攻

성공을 위한 조건을 만들어라 | 변화에 춤을 추라 | 성과급을 아끼지 마라

이럴 때 움직여라 | 죽으면 끝이다

費留 비류
비용과 시간을 낭비한다.

亡國不可以復存 망국불가이복존
망한 나라는 다시 일어설 수 없다.

死者不可以復生 망자불가이복생
죽은 사람은 다시 살 수 없다.

성공을 위한 조건을 만들어라

손자가 말하기를, 무릇 화공에는 다섯 가지가 있는데, 첫째는 사람을 태우는 것이요, 둘째는 쌓아놓은 식량과 땔감을 태우는 것이요, 셋째는 보급품 수레를 태우는 것이요, 넷째는 창고를 태우는 것이요, 다섯째는 적의 교통로와 보급로를 태우는 것이다. 화공을 행할 때는 반드시 조건이 있으니, 이러한 조건은 반드시 평소에 갖추어놓아야 한다. 불을 놓을 때는 적당한 시기가 있고, 불을 일으킴에는 적당한 날이 있는 것이다. 불 놓을 시기란 기후가 건조한 때요, 날이란 달이 기, 벽, 익, 진이라는 별자리에 있을 때니, 무릇 이 네 별자리는 바람이 일어나는 날이다.

孫子曰, 凡攻火有五, 一曰火人, 二曰火積, 三曰火輜, 四曰火庫, 五曰火隊.
손자왈   범공화유오   일왈화인   이왈화적   삼왈화치   사왈화고   오왈화대

行火必有因, 因必素具, 發火有時, 起火有日.
행화필유인   인필소구   발화유시   기화유일

時者, 天之燥也, 日者, 月在箕壁翼軫也,
시자   천지조야   일자   월재기벽익진야

凡此四宿者, 風起之日也.
범차사숙자   풍기지일야

성공하는 사람이나 기업을 보면 공통점을 발견할 수 있다. 성공의 조건을 잘 갖추고 있다는 것이다. 예를 들면 충분한 자본을 가지고 있다든지, 위기를 만났을 때 도와주는 사람들이 많다든지 하는 등이다. 이러한 성공의 조건은 평소에 잘 준비되어 있어야 한다. 평소 철저한 준비도 없이 그저 요행을 바라는 마음으로 일을 해나간다면 성공보다는 실패에 가까이 갈 것이다.

변화에 춤을 추라

무릇 화공은 반드시 다섯 가지 화공법에 따라 나타나는 적의 변화에 따라 대응해야 한다. 불이 안에서 일어났으면, 서둘러 밖에서 응한다. 불이 났는데도 적군이 고요하면 공격하지 말아야 하니, 화력이 다할 때까지 끝까지 기다리고 있다가 적군이 빈틈을 보여 좇을 만하면 좇고, 좇을 만하지 않으면 그만두어야 한다. 밖에서 불을 지를 수 있으면, 안에서 불 지르기를 기다리지 말고, 때에 맞게 지른다. 불을 지를 때는 바람 머리 쪽에서 질러야 하며, 바람 아래쪽에서 (위로) 공격하지 말아야 한다. 낮바람이 오래 불면 밤바람은 그친다. 무릇 군은 반드시 다섯 가지 화공의 변화 규칙을 알고, 헤아려 따라야 한다.

凡火攻, 必因五火之變而應之, 火發於內, 則早應之於外.
범 화 공   필 인 오 화 지 변 이 응 지   화 발 어 내   즉 조 응 지 어 외

火發其兵靜勿攻, 極其火央, 可從而從之, 不可從而止之.
화 발 기 병 정 물 공   극 기 화 앙   가 종 이 종 지   불 가 종 이 지 지

火可發於外, 無待於內, 以時發之 火發上風, 無攻下風.
화 공 발 어 외   무 대 어 내   이 시 발 지   화 발 상 풍   무 공 하 풍

晝風久, 夜風止. 凡軍必知五火之變, 以數守之
주 풍 구   야 풍 지   범 군 필 지 오 화 지 변   이 수 수 지

잘 싸우는 사람은 변화를 재빨리 읽고 그것에 맞추어 행동한다. 본래 불이란 도무지 예측할 수 없는 존재다. 바람이 어디서 불어올지도 모르고, 그 세기도 강했다가 약했다가 종잡을 수가 없다. 잠시도 고정됨이 없이 흔들리는 불길을 보며 우리는 변화가 어떤 것인지 배울 수 있다. 한여름 밤, 모닥불을 지펴놓았을 때 너울거리는 그 모습을 기억하는가. 불을 보며 그 변화에 춤을 추자.

火攻

성과급을 아끼지 마라

그러므로 불로 공격을 도우려면 현명해야하고, 물로 공격을 도우려면 강해야한다. 물로 적을 고립시킬 수는 있어도 가히 없어지게 할 수는 없다. 무릇 싸움에서 이기고 공격하여 전리품, 영토 등을 취했더라도, 그 공로에 따라 적절히 포상하지 않으면 흉할 것이니 이를 비류, 즉 쓸데없이 경비만 쓰는 것이라고 한다. 그러므로 현명한 군주는 공에 따라 상주는 일을 신중히 생각하고, 어진 장수는 공에 따라 상주는 일을 진지하게 시행한다.

故以火佐攻者明, 以水佐攻者强. 水可以絶, 不可以奪.
고 이 화 좌 공 자 명   이 수 좌 공 자 강   수 가 이 절   불 가 이 탈

夫戰勝攻取, 而不修其功者凶, 命曰費留.
부 전 승 공 취   이 불 수 기 공 자 흉   명 왈 비 류

故曰, 明主慮之, 良將修之.
고 왈   명 주 려 지   양 장 수 지

費留

일을 열심히 해서 많은 이익을 남겼다면 직원들에게 성과급으로 나
눠주어야 한다. 그래야 더 열심히 일한다. 이것을 제대로 하지 않으
면 사기가 저하되고, 능률이 떨어지며, 일하는 흉내만 내게 되어 결
국에는 회사가 손해를 보게 된다. 그러므로 경영자는 성과급을 아
끼지 말아야 한다. 그것이 선순환(善循環)이다.

이럴 때 움직여라

유리하지않으면움직이지말아야하며,승리를얻을만하지않으면군사를쓰지말아야하며,위태롭지않으면싸우지말아야한다.군주는분노로인해군사를일으켜서는안되며,장수는성냄으로싸움을해서는안된다.이익에합치되면움직이고,이익에합치되지않으면그친다.

非利不動,非得不用,非危不戰.
비 리 부 동   비 득 불 용   비 위 부 전

主不可以怒興師,將不可以慍戰.
주 불 가 이 로 흥 사   장 불 가 이 온 전

合於利而動,不合於利而止.
합 어 리 이 동   불 합 어 리 이 지

非	利	不	動

이(利), 득(得), 위(危)는 군대가 움직이는 기준을 말한다. 반드시 유리할 때, 이길 만할 때, 위기가 닥쳤을 때 움직이는 것이다. 기업 경영도 이와 같다. 유리한 경영 환경이 예측될 때, 반드시 성공할 기회가 왔을 때, 위기가 닥쳤을 때 극복하기 위해 움직이도록 한다.

죽으면 끝이다

분노는 다시 즐거움이 될 수 있고, 성냄은 다시 기쁨이 될 수 있지만, 망한 나라는 다시 보존할 수 없고, 죽은 사람은 다시 살아날 수 없다. 그러므로 현명한 군주는 전쟁을 삼가고, 훌륭한 장수는 이를 경계하는 것이니, 이것이 나라를 안정되게 하고 군대를 보전하는 길이다.

怒可復喜, 慍可復悅, 亡國不可以復存, 死者不可以復生.
노 가 복 희   온 가 복 열   망 국 불 가 이 복 존   사 자 불 가 이 복 생
故明主愼之, 良將警之, 此安國全軍之道也.
고 명 주 신 지   양 장 경 지   차 안 국 전 군 지 도 야

한 번 망하면 다시 일어설 수 없고, 한 번 죽으면 끝이다. 그러니 전쟁이나 사업은 신중을 기해서 시작하고, 시작했다면 반드시 성공해야 한다. 불로 공격하는 방법을 말하고 있는 '화공'편이지만 전쟁이 얼마나 심각한 것인가를 거듭 일깨워주는 장이기도 하다.

아는 것과
모르는 것의 차이

제13편 용간用間

한순간에 끝낸다 | 결국 사람이 해야 한다 | 아무도 모른다 | 정보 편집광

21세기의 유망직 산업스파이 | 문제의 발원지는 가까운 곳에 있다

이중간첩 | 정보의 힘

相守數年 以爭一日之勝 상수수년이쟁이일지승
서로 마주 보기를 수년하지만 단 하루의 싸움으로 승부 낸다.

無所不用間 무소불용간
간첩이 사용되지 않는 곳이 없다.

三軍之所恃而動也 삼군지소시이동야
모든 군대는 이 정보를 믿고 움직이는 것이다.

한순간에 끝낸다

손자가 말하기를, 무릇 십만 대군을 일으켜 천리를 정벌해 나가면, 귀족의 경비와 국가의 재정이 하루에 천금이나 소모되고, 국내외 안팎이 시끄럽고 요란해지며, 피로하여 도로에 나앉아 생업에 종사하지 못하는 자가 칠십만 가가 될 것이다. 수년 동안 서로 대치하여, 결국 하루의 승패를 다투는 것인데, 관직이나 많은 상금을 아껴서 적정을 알려고 하지 않는 자는 어질지 못한 극치이니, 백성의 장수가 아니요, 군주의 보좌가 아니요, 승리의 주인공이 아닌 것이다.

孫子曰, 凡興師十萬, 出征千里, 百姓之費, 公家之奉, 日費千金, 內外騷動,
손자왈   범흥사십만 출정천리   백성지비   공가지봉   일비천금   내외소동
怠於道路, 不得操事者, 七十萬家.
태어도로   부득조사자   칠십만가
相守數年, 以爭一日之勝, 而愛爵祿百金, 不知敵之情者, 不仁之至也,
상수수년   이쟁일일지승   이애작록백금   부지적지정자   불인지지야
非民之將也, 非主之佐也, 非勝之主也.
비민지장야   비주지좌야   비승지주야

전쟁을 하려면 엄청난 돈이 든다. 그런데 결정적인 정보 하나는 그렇게 돈이 많이 들어가는 전쟁을 한순간에 끝낼 수 있다. 그러니 간첩이 얼마나 중요한가. 미래의 경쟁에서 이기기 위해서는 새로운 정보를 끊임없이 축적하고, 경쟁자의 생각을 읽을 수 있어야 한다. 때로는 하나의 정보가 승패를 뒤집을 수 있다. 오늘날에도 한 순간에 끝날 수 있는 이유 중에 하나는 빅데이터 때문이다. 제4차 산업혁명시대는 인공지능과 빅데이터로 설명된다. 빅데이터에 기반한 인공지능기술은 오늘날 거의 모든 영역에서 접목되고 있다.

一日之勝

『손자병법』을 무려 2,000번이나 읽었다고 하는 BMC플러스(주) 대표 황주원은 본인이 직접 개발하여 특허를 낸 인공지능 애너봇에 빅데이터를 접목한 애너그램(ANAGRAM) 암호화폐를 만들었다. 이 암호화폐의 특징은 절대로 손해를 보지 않고 무조건 이익을 남기는 독특한 시스템을 가지고 있다고 한다. 그래서 중국과 일본, 말레이시아 등 여러 나라에 수출되고 있다. 제대로 된 정보는 한순간에 모든 것을 바꾸어버린다. 인공지능과 빅데이터는 인류의 미래를 어떤 방향으로 끌고 갈지 예측조차 어렵다. 확실히 정보는 돈이자 힘이며, 창조자인 동시에 파괴자가 될 수 있다.

결국 사람이 해야 한다

그러므로 총명한 군주와 어진 장수가 움직이기만 하면 적을 이겨서 성공이 남보다 뛰어난 것은, 적정을 미리 알기 때문이다. 미리 적정을 아는 것은, 귀신에게 얻을 수 없고, 어떤 사실에서 끌어낼 수도 없으며, 어떤 경험적인 법칙에 따라 추론할 수도 없는 것이니, 반드시 사람을 취해 적의 사정을 알아내야 한다.

故明君賢將, 所以動而勝人, 成功出於衆者, 先知也.
고 명 군 현 장   소 이 동 이 승 인   성 공 출 어 중 자   선 지 야

先知者, 不可取於鬼神, 不可象於事, 不可驗於度, 必取於人, 知敵之情者也.
선 지 자   불 가 취 어 귀 신   불 가 상 어 사   불 가 험 어 도   필 취 어 인   지 적 지 정 자 야

첨단 정보수집기관이나 기구들이 많지만, 결국 가장 중요한 정보는 사람을 통해서 빼낸다. 고급 기밀을 가진 사람과 술집에서 은근한 대화 가운데 슬쩍 뽑아내는 것이다. 기계로는 안 된다. 스타우트의 CEO 프리츠 반 파센은 "사람과 직접 만나는 일을 대신할 것은 아무것도 없다"고 하면서 사람과의 접촉에서 모든 중요한 일이 이루어진다고 말했다. 기업의 입장에서는 현장의 소리를 듣는 것이 중요하다. 현장의 소리는 사람을 통해 들을 때 가장 정확하다. 사무실에만 있지 말고 직접 현장에 나가서 고객들이 하는 말을 들어보는 것도 도움이 된다. 그러면 그들의 불만이 무엇인지, 무엇을 바라는지 잘 알게 된다.

아무도 모른다

그러므로 간첩을 씀에는 다섯 가지가 있으니, 향간이 있고, 내간이 있고, 반간이 있고, 사간이 있고, 생간이 있다. 다섯 가지 간첩을 모두 사용하되, 적이 그 사용하는 방법을 모르게 하니, 이를 일러 신묘막측한 경지라고 하고, 군주의 보배라고 하는 것이다.

故用間有五, 有鄉間, 有內間, 有反間, 有死間, 有生間.
고용간유오　유향간　유내간　유반간　유사간　유생간

五間俱起莫知其道, 是謂神紀, 人君之寶也.
오간구기　막지기도　시위신기　인군지보야

보도 그 내용의 진위를 잘 따져서 진행해야 한다. 수집된 데이터는 반드시 검증 과정을 거쳐 확인하고, 현재 상황에 맞도록 재해석하여 의사결정에 반영하는 것이 중요하다.

정보 편집광

향간이란, 적국의 고을 주민을 이용하여, 이른바 고정간첩을 쓰는 것이다. 내간이란, 적국의 고을 관리를 포섭하여 쓰는 것이다. 반간이란, 적의 간첩, 이른바 이중간첩을 쓰는 것이다. 사간이란, 밖에서 거짓 사실을 꾸며서 나의 간첩으로 하여금 이를 알게 하여 적의 간첩에게 전하게 하는 것이다. 생간이란, 살아 돌아와서 보고하는 것이다.

鄕間者, 因其鄕人而用之
향 간 자　　　인 기 향 인 이 용 지

內間者, 因其官人而用之
내 간 자　　　인 기 관 인 이 용 지

反間者, 因其敵間而用之
반 간 자　　　인 기 적 간 이 용 지

死間者, 爲誑事於外, 令吾間知之, 而傳於敵間也.
사 간 자　위 광 사 어 외　　영 오 간 지 지　　이 전 어 적 간 야

生間者, 反報也.
생 간 자　　반 보 야

간첩의 다섯 가지 유형을 말하고 있다. 정보를 얻는 방법은 여러 가지다. 항상 작은 수첩을 품속에 넣고 다니면서 어떤 의미 있는 이야기를 듣거나, 새로운 발상이 떠오르면, 그것을 놓치지 않고 빼곡하게 적어나가는 편집광이 있다. 이런 사람은 정보 전쟁에서 우위를 차지할 수 있다. 집요한 마음으로 정보를 내 것으로 만들겠다는 악착같은 정신이 있을 때 경쟁에서 앞설 수 있다.

五間

鄕	內	反	死	生

21세기의 유망직 산업스파이

그러므로 삼군의 친밀함이 간첩보다 친밀함이 없고, 상주는 것이 간첩보다 후한 것이 없고, 일이 간첩을 부리는 것보다 은밀한 것이 없다. 뛰어난 지혜가 있지 않으면 간첩을 쓸 수 없고, 어질지 않으면 간첩을 쓸 수 없고, 미묘함이 아니면 간첩에게서 제공된 정보의 실체를 얻을 수 없다. 미묘하고도 미묘하니, 간첩을 쓰지 않는 곳이 없다.

故三軍之親, 莫親於間, 賞莫厚於間, 事莫密於間.
고 삼 군 지 친   막 친 어 간   상 막 후 어 간   사 막 밀 어 간

非聖不能用間, 非仁不能使間, 非微妙不能得間之實.
비 성 불 능 용 간   비 인 불 능 사 간   비 미 묘 불 능 득 간 지 실

微哉微哉, 無所不用間也.
미 재 미 재   무 소 불 용 간 야

오늘날 간첩은 기업 현장에서도 활발히 활동하고 있다. 이른바 산업스파이다. 국정원에 따르면, 최근 5년간 산업스파이에 의한 피해액은 무려 400조 원으로, 우리 정부의 한 해 예산 규모를 훌쩍 넘어서는 수준이다. 눈에 보이지는 않지만 산업스파이가 기업 현장에서 얼마나 많이 활동하는지 알 수 있다. 수억 원 내지 수백억 원이 투자되고, 수년간 피땀 흘려서 개발한 기술이 한순간에 날아가는 것이다. 기술의 가치가 몇조 원에 이르는 것도 있다. 돈과 시간을 단 한 방에 날려버리는 것이 바로 산업스파이의 위력이다. 이러한 산업스파이는 기업이 존재하는 한 절대 사라지지 않는다. 오히려 핵분열하듯이 끊임없이 증가하면서 21세기 정보전쟁 시대를 특징짓는다. 그래서 앨빈 토플러는 산업스파이를 21세기의 유망 직업이라고 했

다. 그는 또한 "경제와 산업스파이가 21세기 향방을 가를 변수다"
라고 말하면서 산업스파이를 경계하라고 했다. 무려 2,500년 전에
이미 손자는 간첩을 쓰지 않는 곳이 없다고 갈파했으니, 그의 선견
지명이 놀라울 뿐이다.

문제의 발원지는 가까운 곳에 있다

간첩의 일을 시작도 하기 전에, 그 소문을 먼저 들은 자가 있으면, 간첩과 그 소문을 고한 사람을 모두 죽인다. 무릇 공격하려는 군대와 공격하려는 성과 죽이려는 사람이 있으면, 반드시 먼저 그 수장과 좌우의 신하, 부관, 문객, 시중인의 성명을 알아야 하니, 나의 간첩을 시켜서 반드시 탐색하여 알아내야 한다.

間事未發, 而先聞者, 間與所告者皆死.
간사미발　이선문자　　간여소고자개사

凡軍之所欲擊, 城之所欲攻, 人之所欲殺, 必先知其守將,
범군지소욕격　성지소욕공　인지소욕살　필선지기수장

左右, 謁者, 門者, 舍人之姓名, 令吾間必索知之
좌우　알자　문자　사인지성명　영오간필색지지

무슨 일이 터졌을 때 가장 가까운 곳부터 의심하면 대체로 맞다.

이중간첩

반드시 나를 염탐하러 온 적의 간첩을 찾아내어, 그를 이익으로 매수하여, 이끌어 집에 머물게 하면, 반간으로 얻어 쓸 수 있을 것이다. 이 반간으로 말미암아 적의 사정을 알 수 있으므로 향간이나 내간을 획득하여 쓸 수 있을 것이다. 이 반간으로 말미암아 적의 사정을 알 수 있으므로 사간을 통해 거짓 일을 꾸며 가히 적에게 알리게 할 수 있다. 이 반간으로 말미암아 적의 사정을 알 수 있으므로 생간을 가히 예정된 기한에 돌아오게 할 수 있다. 다섯 가지 간첩의 활동은 군주가 반드시 알아야 하는 것인데, 알수 있는 것은 반드시 반간에 달려 있으니, 그러므로 반간을 후하게 대하지 않을 수 없다.

必索敵間之來間我者, 因而利之, 導而舍之, 故反間可得而用也.
<small>필 색 적 간 지 래 간 아 자　　　 인 이 리 지　　 도 이 사 지　　　 고 반 간 가 득 이 용 야</small>

因是而知之, 故鄕間內間可得而使也.
<small>인 시 이 지 지　　　 고 향 간 내 간 가 득 이 사 야</small>

因是而知之, 故死間爲誑事, 可使告敵.
<small>인 시 이 지 지　　　 고 사 간 위 광 사　　　 가 사 고 적</small>

因是而知之, 故生間可使如期.
<small>인 시 이 지 지　　　 고 생 간 가 사 여 기</small>

五間之事, 必知之, 知之必在於反間,
<small>오 간 지 사　　 필 지 지　　　 지 지 필 재 어 반 간</small>

故反間不可不厚也.
<small>고 반 간 불 가 불 후 야</small>

간첩 중에도 이중간첩에 해당하는 반간이 가장 중요하다. 양편에서 중요한 정보를 빼낼 수 있기 때문이다. 반간은 고도의 기술과 현명함이 요구된다. 그래서 반간을 일러 간첩 중의 간첩이라고 한다.

정보의 힘

옛날에 은나라가 일어날 때 이지가 하나라에 있었고, 주나라가 일어날 때 강태공이 은나라에 있었다. 그러므로 오직 명석한 군주와 현명한 장수만이 능히 높은 지혜를 가진 사람을 간첩으로 삼아, 반드시 큰 공을 이룰 것이니, 이것이 병법의 요점이고 전군이 간첩이 가져다준 정보를 믿고 움직이는 근거가 되는 것이다.

昔殷之興也, 伊摯在夏, 周之興也, 呂牙在殷.
석은지흥야   이지재하   주지흥야   여아재은

故惟明君賢將, 能以上智爲間者, 必成大功, 此兵之要, 三軍之所恃而動也.
고유명군현장   능이상지위간자   필성대공   차병지요   삼군지소시이동야

三	軍	之	所	恃	而	動

『손자병법』의 마지막은 여아(呂牙) 즉 강태공으로 마무리되고 있다. 『손자병법』 첫 어구인 병자국지대사(兵者國之大事)도 강태공의 육도에서 나왔고 『손자병법』의 핵심사상인 부전승(不戰勝)도 강태공의 병법에서 나왔다. 『손자병법』의 처음과 끝은 이렇게 강태공과 연결이 되어 있다. 강태공이 누구인가? 그를 알아주는 사람을 기다리며 위수(渭水) 강에서 낚시를 했던 사람이다. 오랜 기다림 끝

에 72세에 문왕을 만났다. 문왕은 그를 국사(國師)로 삼았고 문왕의 뒤를 이은 무왕도 그를 국사로 삼았다. 강태공은 무왕을 도와 은나라를 무너뜨리고 주나라를 세우는 공을 세웠다. 그의 인생역전사는 궁팔십달팔십(窮八十達八十)으로 정리된다. 즉 80세까지 궁하다가 80세 이후로 팔자가 펴졌다.

당장 뭐가 안 된다고 절망해서는 안 된다. 초조한 마음으로 자신을 깎아먹어도 안 된다. 모든 일에는 때가 있다. 지금 내가 할 일은 잘 준비하는 것이다. 나를 알아주는 사람을 기다리는 것이다. 준비된 사람에게는 반드시 때가 온다.

강태공은 의도적으로 위수강가에서 문왕을 기다렸다고 한다. 왜냐하면 그가 어질다는 소문이 있었기 때문이다(효행람제이孝行覽第二). 손자도 오나라로 망명한 뒤에 고향 제나라의 시조인 강태공의 이러한 행적을 벤치마킹하여 오왕 합려에게 발탁되기 위해 손자병법을 준비하면서 기다렸을 것이다. 그리고 결국 오왕 합려에게 발탁되었고 오늘날까지 전해지는 불후의 명작 『손자병법』을 세상에 알리게 된 것이다.

준비하라. 그리고 때를 기다리라. 손자가 우리에게 남기고 싶은 최고의 가르침이 아닐까.

손자병법
현장을 찾아서

百聞而不如一見
백문이불여일견

백 번 듣는 것보다 한 번 보는 것이 낫다

큐알코드를 찍으면 현지 영상과 저자의
설명을 감상하실 수 있습니다.

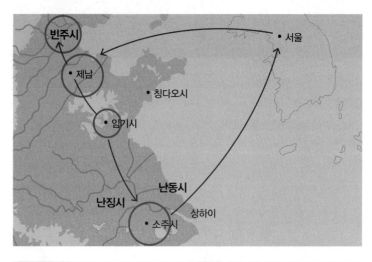

1일차	제남, 빈주	2일차	임기
3일차	소주	4일차	소주, 한국

교육의 완성은 현장에서 이루어진다. 책상에서 아무리 공부를 열심히 해도 현장에 가보지 않고서는 공부를 완성할 수 없다. 현장에 답이 있다. 그래서 예부터 많은 스승들은 제자들과 함께 현장으로 가서 현장을 느끼게 하고 배운 것을 마무리 짓는다. 내가 근무했던 미국지휘참모대학(CGSC)에서는 스탭라이더(Staff Rider)라는 독특한 프로그램이 있다. 일정한 교육과정을 거친 후에 마지막에는 현장을 답사하는 프로그램이다. 남북전쟁의 현장을 돌아보기도 하고, 미국 근현대사의 중요한 현장을 돌아보는 것이다. 교실에서 배운 것하고, 책으로만 읽은 것하고 현장에 가보면 느끼는 것이 달라진다. 내가 역사가 바뀐 전쟁의 현장을 찾아서 러시아, 중동, 이탈리아 등 42개 나라를 다녔던 것도 그 이유다. 참혹한 전쟁의 현장에 가보면 냄

새부터 다르다. 한니발이 로마군과 싸웠던 이탈리아의 변방 칸나에 섬멸전의 현장은 지금도 내게 전율로 남아 있다. 현장의 힘이다. 『손자병법』을 두 번 읽은 독자는 이제 현장으로 가보기를 권장한다. 책으로만 읽은 『손자병법』을 현장에서 완성하는 것이다. 여기 소개하는 '『손자병법』 현장을 찾아서'는 여러분에게 아주 유용한 여행가이드가 될 것이다. 기본적인 설명과 함께 현장 관전포인트 그리고 나름대로 느낀 소회도 적어두었다. 현장에 가면 가슴이 뛴다. 현장에 가면 생각이 달라진다. 현장에 가면 몰랐던 사실을 발견하게 된다. 특히 『손자병법』의 현장을 전체적으로 가보는 기회는 거의 없다. 이제 손자가 살아 숨을 쉬는 생생한 현장으로 가보자.

손자가 태어나서 자란 곳 그리고 그가 활동했던 오나라, 손자병법이 집필되고 완성된 곳, 그의 죽음까지를 따라가는 여행은 손자병법을 더욱 생생하게 읽는 좋은 방법이다. 나는 이미 수차례 이 특별한 중국기행을 다녀왔고, 가장 효과적인 경로를 정리할 수 있었다. 여유를 가지고 둘러본다면 대략 4일 정도 소요되는데, 그 여정을 간략히 소개하고자 한다. 일단 인천국제공항에서 중국 산동성 제남시로 출발해보자. 1시간 45분이면 도착할 수 있다.

참고로 중국의 박물관은 월요일은 휴관을 하며 개관일의 개관시간은 오전 9시부터 오후 5시까지다. 시간은 계절에 따라 변동이 있다. 손자병법 죽간 원본은 제남시 산동성박물관에 있기 때문에 임기시는 시간이 여의치 않으면 건너뛰어도 좋다.

1일차

제남시, 빈주시

산동박물관

| 첫 번째 일정 | 제남시 산동박물관의 손자병법 죽간 |

『손자병법』 죽간원본이 있는 산동박물관

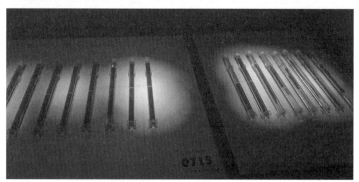

『손빈병법』 죽간과 『손자병법』 죽간

가슴이 띈다. 그 유명한『손자병법』의 죽간원본을 볼 수 있다니! 적어도『손자병법』을 한 번 정도 읽은 사람이라면『손자병법』의 죽간원본이 어떻게 생겼는지 실물을 꼭 보고 싶을 것이다. 그래서 첫날에 가장 먼저 가는 장소가 바로 죽간원본이 있는 제남시의 산동박물관이다. 산동박물관은 굉장히 큰 규모를 자랑한다. 볼거리가 정말 많지만 시간이 여의치 않으니 우선 2층으로 달려가기 바란다.『손자병법』죽간원본이 있는 곳이다.

유리 안에 전시된『손자병법』죽간은 왼쪽과 오른쪽으로 나뉘져 있다. 왼쪽이『손빈병법』이고 오른쪽이 손자병법이다. 부식을 방지하기 위해 비커 안에 보관하고 있다. 오랫동안 손무의『손자병법』과 손빈의『손빈병법』이 혼동되었다. 그런데 1972년 임기현 은작산의 전한시대 묘에서 이 죽간들이 발굴됨으로써 손무의『손자병법』과 손빈의『손빈병법』이 별도로 존재하고 있다는 것을 확인했다. 전국시대의 손빈은 춘추시대의 손무보다 약 150년 후손이다.

진짜를 보는 감동은 말로 표현하기 어렵다. 무려 2,500여 년 전의 손자병법 죽간이 이렇게 오늘날까지 살아남아서 우리가 볼 수 있다니. 왼쪽의『손빈병법』과 오른쪽의『손자병법』을 비교해가면서 꼼꼼하게 들여다보기 바란다. 사진촬영이 허용되니 마음껏 찍어 기념하고 자료로 남기기 바란다.

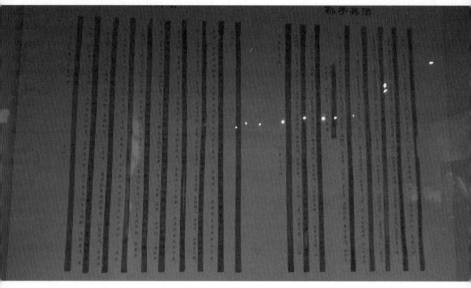

『손자병법』 죽간의 사진

죽간은 대나무에 글을 새긴 고대 중국의 책이다. 은작산 서한1호 묘지에서는 『손자병법』13편, 『손빈병법』16편과 질문 5편 등의 죽간이 발굴되었다. 강태공의 육도와 위료의 위료자 죽간을 비롯, 수많은 귀중한 자료들도 발굴되었다. 『손자병법』은 13편으로 200여 매의 죽간이 현존하고 있고 2300여자를 기록하고 있다. 죽간의 발굴은 '신중국30년 10대 고고발굴'로 화제가 되었고, 이 죽간은 산동박물관의 '10대 진관지보'에 뽑혔다.

| 두 번째 일정 | 빈주시, 손자가 나고 자란 장소 |

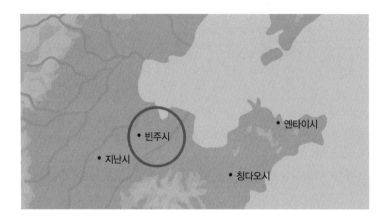

손자는 당시 강태공이 세운 제나라에서 나고 자랐다. 오늘날 빈주시와 동영시 일대다. 손자가 주로 자란 빈주시 혜민현을 찾아가보자.

손자가 나고 자란 혜민현으로 가는 버스 안에서

손자가 나고 자란 혜민현의 오늘날 모습

　오늘날 빈주시 혜민현의 모습이다. 손자가 나고 자란 마을이다. 제남시에서 버스를 타면 약 2시간이면 도착한다. 좌우의 경치를 보고 있노라면 지겹지 않게 도착할 수 있다. 손무는 기원전 6세기 춘추시대 말기 제나라 낙안(지금의 산동성 혜민현) 사람이다. 당시로는 신흥지주계급에 속하는 군사전문가 집안에서 태어났다. 본래 손무의 조상은 진나라에 살았던 진(陳)씨인데 내란으로 인해 제나라로 도망 나와 전(田)으로 바꾸었다. 손무의 친할아버지 전서(田書)는 거를 공격하는 중에 공을 세워 낙안이란 근거지와 손(孫)이란 성을 하사받았다.

　혜민현 손무로에 가면 손자병법성이 있다. 중국에서 가장 큰 규모의 손자동상이 서 있고, 그 뒤에는 15개의 성과 여러 부속 건물이 있다. 손자병법 13편을 설명한 13개의 성을 하나씩 보게 되면 손자병법 전체를 이해하는 데 큰 도움이 된다. 제대로 보려면 많은 시간이

혜민현 손무로에 있는 손자병법성

손자병법성 입구에 위치한 최대 규모의 손자동상

손자병법성

소요된다. 그러나 충분한 가치가 있다.

입구에 들어서는 순간 거대한 손자동상에 압도당한다. 중국에서 가장 큰 규모라고. 입구에 표를 끊고 안으로 들어가서 손자병법성의 이

모저모를 보게 되는 데 참 놀라울 만큼 정성스럽게 잘 만들어놓았다. 중국 사람은 손무를 병성(兵聖)이라 부른다. 전쟁의 성인이라는 의미다. 공자와 같은 성인의 반열에 올려놓은 것이다. 손무와 공자는 같은 시대의 사람으로 공자는 노나라에서 손무는 제나라와 오나라에서 자라고 활약했다. 첫 번째 문은 손무에 관해 기본적인 내용을 적어두었다. 오른쪽 기둥에 고리낙안이라는 글자는 손자가 태어나고 자란 곳이 옛날의 낙안(樂安)이었기 때문이다.

병자국지대사 사생지지 존망지도 불가불찰야. 전쟁은 나라의 큰일이다. 백성의 생사와 나라의 존망이 걸린 것이니 신중을 기해야 한다. 손자병법을 처음 펼치는 사람이라면 예외 없이 이 어구를 접할 것이다. 제1 시계성에 들어가면 손자병법의 첫 번째 어구가 실감나게 묘사되어 있다.

손자병법성의 첫 번째 성

제1시계성에 들어가면 손자병법 첫 어구가 전시되어 있다

외부에는 여러 형상물을 만들어 놓았다. 손자가 활동했던 당시의 마차와 무기들을 보고 있으면 마치 그 시대에 온 듯하다. 작전 제2 편 첫머리에 보면 치차(馳車) 즉 전차에 대한 이야기가 나오는데 바로 네 필의 말이 이끄는 이런 전차를 말하고 있다. 이렇게 백문이불여일견인 것이다. 직접 보게 되면 이해가 빠르고 흥미가 더해진다.

외부에는 작전편에 등장하는 전차의 모형이 있다

각 성에는 해당 편의 어구 전체가 새겨져 있다

각 성에는 해당되는 손자병법 각 편의 어구를 적어두고 있다. 시간이 나면 하나씩 읽어보면서 책에서 공부한 내용을 복습하면 좋다.

이곳에는 손자병법을 공부하는 손자병법대강당을 만날 수 있다. 오늘날 중국의 군간부들이나 당원, 여러 손자관련 사람들이 와서 강의를 듣는 장소로, 이곳을 둘러보며 손자병법사관학교에도 이런 강당이 있었으면 좋겠다는 생각을 했다.

중간쯤 가다보면 왼쪽 모퉁이에 비석이 하나 있다. 눈여겨보지 않으면 그냥 지나칠 뻔한 비석인데 매우 의미가 있는 비석이다. 손무의 조상은 본래 진나라 사람이었다가 나중에 손 씨 성을 받으면서 낙안으로 왔다고 앞에서 설명했다. 그래서 손무의 가문은 낙안 손 씨로 계보를 잇게 된다. 그것을 나타내는 비석이 바로 이것이다.

옆 건물에 보면 36계병법을 다룬 전시관이 있다. 36계병법은 손자병법과 다른 병법이다. 우리가 잘 아는 주위상(走爲上) 즉 도망가는 것이 가장 좋다는 병법은 36계병법의 마지막 계인 36계이다.

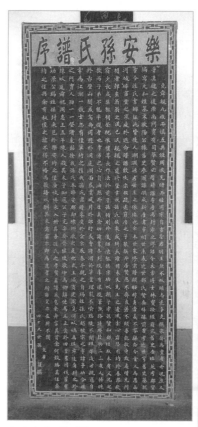

손자의 계보와 비석

36계 병법이 소개되고 있다

손자대강당

마지막 편인 용간을 다룬 성

용간성 안에는 간첩의 이야기를 전시하고 있다

   마지막 성인 용간성이다. 간첩의 운용에 대해 다루고 있다. 각국의 대표적인 간첩들의 이야기와 사용했던 물품들을 전시하고 있다. 각 성마다 각 편을 설명하기 위해 전체 어구와 그리고 관련된 여러 자료들을 전시하고 있는데 그 정성이 놀랍다. 시간나면 하나씩 음미하면서 보게 되면 책을 두세 번 읽은 효과가 나타날 것이다.
출구에는 손자병법과 관련된 인물의 동상들이 서 있다.

오늘날 우리가 보는 손자병법을 13편으로 재정리했던 삼국지의 영웅 조조의 동상이 있다. 조조는 손무보다 약 700년 후의 사람이다. 조조는 손자병법의 대가였다. 그는 "내가 읽은 병서와 전책이 많은데 손무가 저술한 병법이 가장 심오하였다"고 했다. 우리는 삼국지를 읽을 때 유비가 주인공인 것처럼 착각하게 된다. 실제로는 조조가 그 주인공이라 할 수 있고 조조의 병법은 손자병법에서 근거하고 있다.

출구의 모습

조조의 동상

2일차

임기시, 손자병법 죽간이 발굴된 장소

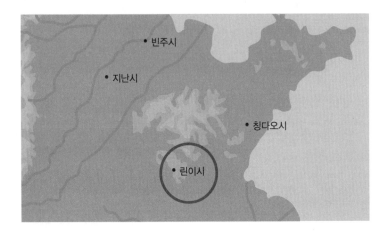

| 첫 번째 장소 | 은작산 한묘 죽간 박물관 |

임기시는 삼국지의 제갈공명의 생가가 있고, 시성으로 추앙받는 왕희지의 생가터가 있다. 무엇보다도 『손자병법』 죽간을 발굴한 장소이기도 하다.

1972년 4월 10일 임기현 은작산 언덕의 위생국 기초건설공사 현장에서 오래된 묘를 발견했다. 바위를 뚫어 만든 암묘였다. 본격적인 발굴이 시작된 4월 14일 양전욱이 목관의 기물을 정리할 때 물위에 죽편 하나가 떠 있는 것을 봤다. 최초의 죽간이 발굴되는 순간이었다. "와서 봐! 뒤에 글자가 있어!" 제환공문관자왈(齊桓公聞管子曰)의 글자였다. 산동성 무문부서는 즉시 전문가를 파견하여 죽간 발굴을 지도했는데 1호 묘에서 발굴된 죽간은 손자병법과 손빈병법을 포함한 4924매였고, 2호 묘에서는 32매의 죽간이 발굴되었다. 임기에서 출토된『손자병법』은 현존하는 최초의 손자병법 판본이다. 서한초에 만들어진 것으로 보인다.

진열홀 1층은『손자병법』전시코너와『손빈병법』전시코너로 나뉘어 있다. 사진과 실물을 결합한 진열방식으로 손자병법을 연구하는 많은 사람들에게 영감을 주고 있다.

2019년 10월 현재 죽간을 발굴한 이 장소는 대대적인 공사를 하고 있는 중이다. 중국 특유의 만만디 정신으로 몇 년이 걸릴지 모르니 사전에 반드시 확인을 하고 이곳을 찾기 바란다.

1989년 10월에 개관한 은작산한묘죽간박물관

2일차

소주시, 손자가 활동했던 장소, 그가 죽었던 장소

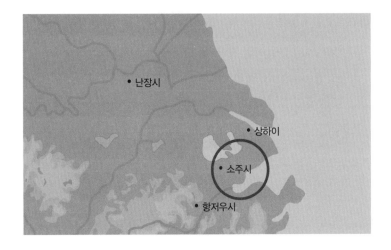

손자는 제나라에서 나고 자랐지만 기원전 532년 전(田), 포(鮑), 난(欒), 고(高) 씨의 '4성의 반란'이 벌어지자 집안이 오나라로 망명을 하게 된다. 오나라는 지금 소주시가 위치한 곳이다. 이곳에서 손자는 손자병법을 완성하게 되고 오왕 합려를 만나 장수로 임용되어 일약 스타가 된다. 그리고 이곳에서 죽어 전설로 남게 된다.

│ 두 번째 장소 │ 빈주시, 손자가 나고 자란 장소 │

소주시에 오면 오자서의 동상, 합려왕의 호구, 손자병법이 집필된 장소 순으로 보는 것이 역주행을 하지 않고 효과적으로 보는 순서다.

도시를 운하로 만들었던 오자서의 흔적이 있는 오자서 공원

손무를 천거했던 오자서의 동상

오자서동상

오자서의 동상이 서 있다. 오자서는 초나라에 살았는데 모함으로 집안이 멸족되자 복수를 위해 오나라로 망명했고, 오왕 합려에게 손자를 추천하게 되었다.

자객 전제가 요왕을 암살하는 장면의 전각

『손자병법』 구지 11편에 보면 전제라는 자객이 등장한다. 사기에 보면 전제가 어떻게 요왕을 암살했는지 기록하고 있다. 훗날 합려 왕이 되는 공자 광은 요왕을 자기 집에 초청한 뒤에 전제로 하여금 생선 안에 감춘 비수로 죽이게 만든다. 생선에 감춘 비수는 어장검이다. 손자가 『손자병법』에 이 사건을 기록했다는 것은 이 내용을

오자서와 손자와 합려의 만남

담은 『손자병법』을 펼쳐 볼 오왕 합려를 의식했다는 것이고, 그에게 임용될 것을 바랐다는 암시다.

역사는 만남으로 완성된다. 천하의 손자도 이들과의 만남이 없었다면 아마 아무도 기억하지 못할 수 있다.

이순신과 유성룡의 만남은 역사를 바꾼 만남이다. 만약에 유성룡이 이순신을 천거하지 않았다면 오늘날 이순신이 존재했을까? 프랑스와 미국을 물리친 베트남의 영웅 보구엔지압은 젊은 교사시절에 민족해방운동자 호치민을 만났다. 그와의 만남으로 보구엔지압은 모든 것을 버리고 그와 함께 오늘날의 베트남을 만들었다. 만남이 이렇게도 중요하다. 개인의 운명뿐만 아니라 나라의 운명도 바꾸는 것이 바로 만남이다. 독자 여러분도 인생을 의미 있게 바꿀 좋은 만남을 갖기를 바란다.

세 번째 장소 | 손자를 장수로 임용했던 오왕 합려의 흔적들

오왕 합려의 여러 유적이 있는 호구

합려의 무덤이 있다고 하는 호구탑. 북서쪽으로 약 2.5미터가 기울어져 있어 중국의 피사탑이라고 부른다. 961년에 송나라 때 세워졌다. 합려가 죽자 큰 호랑이가 나타났다고 해서 붙여진 이름이 호구다.

314

합려가 칼을 시험하기 위해 잘랐다고 하는 시금석

합려의 칼이 묻혔다고 하는 연못

천 명이 앉아서 강의를 들었다고 하는 천인석

합려의 무덤에는 3000자루의 칼이 함께 있다고 전해져서 진시황이 그 칼을 얻기 위해 땅을 파다가 결국 찾지 못하고 물이 가득 찼다고 하는 연못이 있다. 검지라고 부른다.

네 번째 장소 │ 『손자병법』이 집필된 손무원을 찾아서 │

손자가 손자병법을 집필한 손무원으로 가는 입구

표를 끊고 안으로 들어가면 산 정상에 손무원이 있다.

손자가 『손자병법』을 집필한 장소를 찾아가는 여정에는 이루 말할
수 없는 설렘과 흥분이 있다. 과연 그 유명한 『손자병법』을 쓴 장소
가 어떻게 생겼는지. 어떤 열악한 조건에서 『손자병법』을 완성했는
지. 그 역사적인 현장이 궁금하지 않을 수 없다.

안내판의 맨 위에 보면 손무원이라 표시되어 있다.

『손자병법』
집필집

관광용 셔틀을 타고 올라가면 손무원에 닿는다. 손무원
입구에 보면 손무자은거지라는 비석이 서 있다.

들어가는 문에 손무원 현판이 있다.

『손자병법』을 집필했던 집

손자가 『손자병법』을 집필했던 집이다. 바로 이 집에서 그 유명한 손자병법이 탄생되었구나 생각하니 말로 표현할 수 없는 감동이 밀려온다. 이 집을 찾는 독자는 꼭 이 집 앞에서 이렇게 사진으로 남기기 바란다. 언제 다시 올 수 있는 장소가 아니지 않은가. 역사의 현장이다. 오자서의 천거로 오왕 합려에게 발탁될 때 이미 이 집에서 지금 우리들이 보는 13편을 완성했을 것으로 추정된다. 아주 작고

집안에 들어가면 손자의 동상이 있다. 집필하는 모습이다.

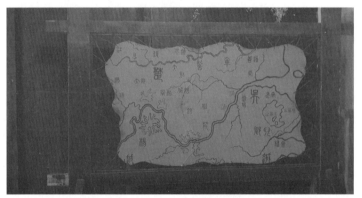

손자 당시의 각 나라의 상황을 보여주는 지도가 걸려 있다.

초라한 집이다.

뒷마당에 가면 모택동이 쓴 지피지기 백전불태(知彼知己 百戰不
殆)의 황금색 글씨가 비문으로 서 있다. 모택동은 항상 손자병법을
읽었다고 하며 그가 죽을 때 침상에 놓인 책 중에 하나라고 한다. 지
피지기 백전백승이 아니고 정확하게 지피지기 백전불태라 썼다.

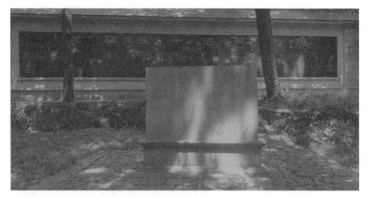

모택동이 썼다고 하는 지피지기 백전불태의 비

소주시
손무원

뒷마당에 병성손무의 동상이 있다.

뒤에 있는 집에는 손자 당시의 여러 유적들이 전시되어 있다.

3일차

손자의 묘와 그의 행적을 담은 손무기념원

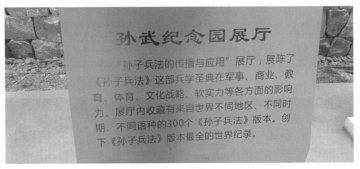

손무기념원의 안내판

손무기념원의 개방시간

손자의 묘를 찾아가는 마지막 여정이다. 우리는 여행지에서 일부러 시간을 내어 유명한 사람의 묘를 찾아가기도 한다. 묘 앞에 서면 그 사람이 살아 있을 때의 여러 행적이 생각나며 만감이 교차하게 된

322

다. 손자의 묘는 오래된 아파트 단지 사이에 있는 손무기념원 안에 있다. 유명세와는 달리 의외로 사람들이 찾지 않는다고 한다. 내가 갔을 때도 손무기념원을 지키는 중국공무원 세 명만 있었고 다른 관광객은 아예 보이지도 않았다. 앞으로 이 책을 읽은 독자들이 많이 찾을 날을 기대해 본다.

손자는 전쟁에서 승리를 한 후에 오자서와는 달리 모든 관직에서

손무기념원의 전경. 멀리 손무의 묘가 보인다.

손자의 묘

손자의 묘

떠나 초야에 묻혀 『손자병법』을 보완하다가 죽었다. 그의 나이 75세. 동시대의 공자보다 2년이나 더 살았다. 손자는 언제 떠나야 할 때를 잘 알았던 인물이다. 오자서는 끝까지 남았지만 결국 모함에 걸려 비참하게 생을 마감하게 된다. 손자의 묘 앞에 서 있으면 사람은 어차피 죽을 것인데 무엇을 남기고 죽을 것인가를 고민하게 된다. 좋은 이름으로 오랫동안 사람들에게 기억된다면 참 잘 살았다고 말할 수 있다.

손무기념원 내부의 여러 전시물

세계 각국의 『손자병법』 책자

『손자병법』의 주요어구를 쓴 액자

　손무기념원 안에는 손자에 관한 여러 자료들이 전시되어 있다. 손자병법이 집필된 장소인 손무원의 사진을 비롯해서 각국 나라에서 발간된 『손자병법』 책들과, 『손자병법』을 활용했던 수많은 인물들의 행적들이 잘 정리되어 있다. 시간을 내어 꼼꼼히 살펴보면 많은 공부가 된다. 손정의를 비롯한 유명인사들이 『손자병법』을 어떻게 잘 활용했는지를 살펴보는 것도 유익하다. 글로만 존재한 책이 실제에서 어떻게 활용되는지를 알게 되면 우리도 그렇게 할 수 있기 때문이다. 책을 읽는 목적이 무엇인가. 책을 읽음으로 생각이 변해야 한다. 책을 읽음으로 행동이 변해야 한다. 그런 목적이 아니라면 왜 힘들게 돈 들여가며 시간 들여가며 책을 읽어야 한단 말인가. 『손자병법』을 읽고 공부하여 생각이 바뀌고, 행동이 바뀌고 나아가 사회를 이롭게 바뀌도록 한다면 그 목적을 훌륭하게 달성한 것이다. 그렇게 크지 않은 손무기념원에서 시간을 충분히 내어 벽에 붙어 있는 글씨

라든가 전시관의 전시물을 하나씩 꼼꼼하게 살펴보는 시간을 가지기 바란다. 『손자병법』을 한꺼번에 정리할 수 있는 좋은 장소다.

내부의 여러 전시물

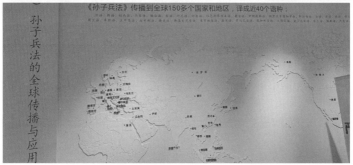

150개 나라에 전파된 손자병법

손무기념원의 뒤편에 꼭 가기 바란다. 손자의 거대한 동상이 있다.『손자병법』의 마지막 발자취는 바로 이 동상 앞에서 끝이 난다.

여기까지 3일이면 충분하다. 4일차에는 오전에 주변에 있는 유명한 대명호를 찾아 여유를 즐기다가 오후 항공편으로 한국으로 돌아오면 된다.『손자병법』발자취는 전문가의 가이드에 따라 이렇게 3박 4일이면 충분하다. 현장에 가면 확실히 느낌이 다르다. 공부한 내용이 더욱 선명해지고 많은 것을 생각하게 한다. 공부는 현장에서 완성된다. 아무리 책을 많이 봐도 현장에서 한 번 보는 것과는 분명히 다르다. 『손자병법』 현장투어는 손자병법사관학교의 필수코스이다. 함께하기를 원하는 사람은 손자병법사관학교나 세종서적으로 연락하면 된다. 평생에 꼭 한 번 손자병법 현장을 찾기를 바란다.

여행은 언제나 돈의 문제가 아니고 용기의 문제다.

-파울로 코엘료

진정한 여행의 발견은 새로운 풍경을 보는 것이 아니라
새로운 눈을 갖는 것이다.

-마르셀 프루스트

세계는 한 권의 책이다. 여행하지 않는 자는 그 책의 단지
한 페이지만을 읽을 뿐이다.

-성 아우구스티누스